データ・リテラシーの鍛え方

“思い込み”で社会が歪む

田村秀
TAMURA, Shigeru

イースト新書
119

まえがき

テレビや新聞、インターネットには毎日様々な数字、すなわちデータが取り上げられています。言葉で多い少ないとか、とっても凄い、あるいはたいしたことがない、と書いてあっても、どの程度多いのか、どの程度凄いのか、といったことはなかなか伝わりにくいものです。

しかし、具体的なデータで○○人とか○○%と示されると、「そんなに多いんだ」「その程度のことなんだ」といったことが、多くの人に理解されるでしょう。内閣支持率や経済成長率、世帯平均の貯蓄額、生活保護世帯の数など、具体的なデータが示されれば、「今の政権をそんなに多くの人が支持しているんだ」「世間の人はこんなにお金を貯《た》め込んでいるんだ」といった感想を持つことができます。

では、もしメディアなどが示すデータに問題があるにもかかわらず、それを鵜呑《うの》みにしてしまうとどうなるでしょう。問題があるデータを基に判断してしまうと、誤った結論を導き出してしまうかもしれません。一方で、このようなデータの信ぴょう性に疑問を持つ人はどれだけいるでしょうか。

実は、日々メディアなどが提供しているデータの中には、そもそも不正確だったり、誤解を与えるような解釈が行われていたりするものが少なくないのです。例えば、世論調査で内閣支持率が50％となっている場合、本当に日本国民のピッタリ50％が支持しているのでしょうか。

これはデータの種類によっても異なるものです。例えば、自分の身長が172㎝とか、都心の昨日の最高気温が36・2℃というのは、実際に測った数値ですから、その通りなのですが、多くの場合はすべてのものを調べているわけではありません。

世論調査でも多くの統計調査でも、一部（＝サンプル）を調べて全体がだいたいこれくらいだろうと推測しているのです。ですから誤差はつきものですし、データがピッタリ正しいと見てはいけません。

さらに、実はすべてのものを調べようとした調査でも、アンケートで回答を拒否する人もいますし、消息不明などで把握できない人もいますから、この場合もあまり絶対視しないほうが賢明です。

いずれにしても、「だいたい」という感覚を常に意識することはとても大事なポイントです。

本書は、このようなデータの見方、とらえ方をできるだけ平易に理解してもらおうと思って書かれたものです。

元々統計というのは、調査することを通じて現象を数量で把握することとされています。古今東西、国を治める際には徴税や兵役のために人の数や田畑の広さ、穀物の取れ高などをできるだけ正確に把握することが最も重要な営みでした。そこで人口や土地の面積などを調べるために統計が行われ、様々なデータが集められるようになりました。

客観的なデータは政策の礎《いしずえ》でもあります。データを基に現状に対する課題が分析され、具体的な政策が考えられます。データに対する信頼が失われてしまえば、国や自治体の行う政策は誰からも支持されなくなってしまうでしょう。

これは何も公《おおやけ》に限った話ではありません。建物の耐震性に関するデータが偽装され、実際の耐震性が法律の求める基準よりも低かったということで、マンションなどが建て替えを余儀《よぎ》なくされるとともに、ゼネコンや設計会社が責任を取ったということもありました。データの改ざんは建物だけではありませんでした。免震《めんしん》技術やアルミ製造、排ガス規制など様々な分野で発覚しました。こうなると官民問わず、公にされているデータは誰からも信頼されなくなってしまうかもしれません。

偽装や不備の問題には、官民、さらにはメディアも含めて、我々日本人の多くが、データに関する基本的な理解力（＝リテラシー）に欠けているという大問題が横たわっています。これは由々しき事態ではないでしょうか。これらの問題は様々なところに悪影響を及ぼします。

そもそも、「リテラシー」という言葉に関しては、例えばデジタル大辞泉によれば以下のような意味だとされています。

一）読み書き能力。また、与えられた材料から必要な情報を引き出し、活用する能力。応用力。
二）コンピューターについての知識および利用能力。→コンピューターリテラシー
三）情報機器を利用して、膨大な情報の中から必要な情報を抜き出し、活用する能力。→情報リテラシー

（デジタル大辞泉「リテラシー」より）

このように、リテラシーとは、ある分野に関しての基本的な能力を指す言葉として用いられています。また、柴田里程《しばたりてい》氏の『データリテラシー』（共立出版、二〇〇一）では、「データを扱ううえで、最低限心得ておくべき教養」とされています。

いずれにしても、データに関する基本的な能力、すなわちデータを読みこなし、使いこなすために必要とされる教養、能力といったものと考えればいいでしょう。

文字が読み書きされるように、データも様々な形で目に触れるものです。データによって何かを他者に伝えることは日常茶飯事でもあります。「数字は苦手！」と公言する人は少なくないですが、そんな人でも世の中に溢《あふ》れかえる様々なデータを、あたかも自分が調べたかのような口ぶりで友達に話すことは決して稀《まれ》ではないでしょう。

ここで一つ質問です。内閣支持率の世論調査の結果として、次の二つを見たときに、どちらを信じるでしょうか。

産経新聞：支持45・0％
朝日新聞：支持31％
（二〇一八年三月実施の「産経・FNN合同世論調査」と「朝日新聞世論調査」より）

世論調査の中でも内閣や政党の支持率はほぼ毎月、新聞社やテレビ局などで調べられ、報道される定番中の定番といった存在です。新聞各紙を見比べてみると内閣の支持、不支持といった結果は異なっています。それぞれの新聞の論調が世論調査の結果に影響するのでは、と考えている人も少なくないでしょう。
朝日新聞と産経新聞を比べると、自民党政権に厳しいのは朝日で、産経のほうが政権に好意的なトーンの記事が多いと感じている人が多いと思いますが、こと世論調査についてはそうとも言えないのです。

産経新聞：支持34・7％
朝日新聞：支持38％
（二〇一七年七月実施の「産経・FNN合同世論調査」と「朝日新聞世論調査」より）

この二〇一七年七月の調査結果を見ると、産経新聞の34・7％に対して、朝日新聞は38％と朝日のほうが支持率が高くなっています。

詳細については一章で解説しますが、そもそも世論調査というのは無作為抽出でサンプルとなる対象者を選び、回答を集めているもので、基本的に論調が影響することはありませんし、一定の誤差があることが前提です。ですから結果のデータを絶対正しいという風に見ないほうがいいのです。サンプル数にもよりますが、5～6％程度の差までであれば、誤差の範囲内ということになります。

時々誤差の範囲とは言いがたい開きになることもありますが、各新聞社のトーンの違いだけで説明することは難しいようです。ちなみにこのときの不支持率は、産経が56・1％、朝日が42％と、一般のイメージとは逆の方向で大きく開いています。


このように、データというものにどのような根拠があるのか、またはないのか、そして、どれだけ信ぴょう性があるのか、ないのかについては、本書を読み進めればよくわかるでしょう。いずれにしても、データ・リテラシーは、どのような仕事に就いていようとも、理系でも文系でも、誰にでも必要とされる素養であることは間違いないものです。

特にメディア関係者にとって、最も必要なスキルの一つであるにもかかわらず、現実には、あまりにも杜撰《ずさん》なデータの垂れ流しが行われ、結果として我々は少なからず損害を被《こうむ》っているのです。その意味でデータ・リテラシーには、メディア・リテラシーという側面もあります。

データ・リテラシーに関して危機的な状況となっているというのが、今の日本の実情です。本来であれば、メディア関係者はデータに関する素養をちゃんと身につけていなければいけないのですが、普段多くの関係者と接する中で、そのようなスキルアップはそう簡単に望めそうにもないと感じます。残念ながら、本書でも紹介するように、自分に都合のいいデータをあたかも客観的なものであるかのように使って書かれている記事や広告が少なからずあります。

結局のところ、我々一人ひとりがデータ・リテラシーの重要性に目覚め、自らしっかりと身につけることが必要とされています。自己防衛が唯一の解決策と言ってもいいでしょう。

統計というと、どうも多くの人は難解な学問と考えるようですが、特段専門的な知識を持たなくても、基本的なレベルでデータを使いこなし、世間にはびこるデータの中には問題が少なくないということが理解できれば、それでいいというのが今の私の思いです。

第一章では、アンケートについて、その理想と現実に触れるとともに、インターネット・アンケートをどのように解釈すべきか、また、動員による偏った結果を招くアンケートがいかに多いかなど、実際に行われているアンケート調査の課題を、具体的な事例に基づき解説を行いました。

第二章では、日本人が大好きなランキングについて、どのような特徴があるのか、具体的なケースを基に論じるとともに、そのメリット、デメリット、さらにはランキングをどのように見極めるべきかについて述べています。

第三章では、様々なデータに関して、定義や出所、特殊要因などを確認することの重要性や、いかにでたらめなデータが無批判に使われているかなどについて、やはり様々な事例を基にポイントを述べています。ここでは、国や自治体がおかしなデータを用いると、政策自体の信頼性も損なわれかねないということにも言及します。

第四章では、これまでの解説を基にして、普段からどのようなことに気をつければデータ・リテラシーが身につくかについて指南します。

私は、地方自治を専門に地域のことについて研究しています。研究者として、地域社会を担う自治体の職員の中には、データ・リテラシーが低い方が多いことを常々感じています。そのため、自治体職員に向け、たびたび研修を行ってきました。

本書は、そうした経験や知見を生かしながら、多くの人がデータに関する問題の本質に気づき、自分の頭でしっかりと判断する力をつけてほしいと願い、執筆しました。読者が巷《ちまた》に溢れる情報に惑わされず、少しでもデータに関する素養を身につけることができましたら、幸甚《こうじん》です。

データ・リテラシーの鍛え方　目次

第一章 「ネット・アンケート」に潜むウソ

第二章 すべての「ランキング」は参考値

第三章　「うまい話」には裏がある

第四章　データ・リテラシーを鍛える

第一章　「ネット・アンケート」に潜むウソ

なぜアンケートをするのか？

巷にはありとあらゆるアンケート結果が溢れています。そもそもアンケートとは、社会の様々な事柄や人々の意見などを調べるために、一般の人や有識者などに一定の質問形式で意見を問うことです。

国や自治体が国民・住民の意見や不満などを的確に把握しようとして実施するものもあれば、新聞社やテレビ局が内閣や政党の支持率を調べるために実施するものもあります。シンクタンクが調査レポートを作成するに当たって実施するものもあれば、大学教授が研究テーマに関して関係者に実施するものもあります。

あるいは大学生が卒業論文のために、商店主を対象に地域の活性化に関して調べるために行うものもあれば、有名人の講演で、話がためになったのか聴講者に対して行うアンケートもあります。

正確な数ははっきりしませんが、大学の授業評価アンケートやホテルのお客様アンケートなども含めれば、日本だけでも年間何百万あるいは何千万という数のアンケートが実施されているのではないでしょうか。実際、私自身を振り返ってみても、大学での授業評価アンケートや研修講師としてのアンケートなどを含めると、少なくとも年間四〇〜五〇回前後はアンケートに関わっている計算になります。

アンケートは、同じ質問を複数の人や企業などの組織に対して投げかけ、その回答をデータとして収集し、さらには分析することで問題解決などのために役立つ情報を抽出することを目的に実施されます。単に犬が好きか、猫が好きかといった嗜好を聞くものから、政策に対する評価まで、様々なレベルのものがあります。調査票が配布されてその場で回答するケースが一般的ですが、郵送や電話によるもの、さらにはインターネットで実施するものなど手法も様々です。

例えば、大学の授業評価アンケートでは、講義の受講者全員を対象に調査票を配布します。全員が回答してくれれば理想的ですが、実際にはアンケート実施時には半分程度しか出席者がいないかもしれませんし、また、出席者のうち回答をサボる学生も少なからずいるかもしれません。

授業評価アンケートのように全員を対象にするのはどちらかといえば少数派で、国や自治体、企業などが行うアンケートの場合は、母集団（調査や観察の対象とする集団全体）の一部だけを対象にアンケートをする場合がほとんどです。内閣支持率に関する世論調査を国民全員に問いかけるとすれば、膨大な費用と手間がかかることは言うまでもありません。

実際には誰もが選ばれる可能性が同じになる、無作為抽出という方法によって一〇〇〇から二〇〇〇程度のサンプルを集めて実施しているケースが多いです。

授業評価アンケートの結果をまとめることで、大学の教員は、学生が講義をどの程度理解してくれているか、あるいは講義の進め方について学生がどのように満足しているかなどを把握することができます。このことは次の講義をより良い内容にするための参考となります。内閣支持率など政治に関する世論調査であれば、一般の国民がどの程度現政権を支持しているのか、個別の政策についてどのように評価しているかを、把握することができます。

世論調査の結果を通じて政策の内容を修正したり、場合によっては撤回したりすることも起こりうるでしょう。製品の満足度調査の場合には、消費者が製品のどのような点について満足度が高いのか、あるいは低いのかといったことが明らかになりますので、次の製品開発には消費者のニーズを踏まえるということも当然行われるでしょう。

必ずしも全員に聞く必要がないので、比較的コストをかけずに、個人や組織による今後の行動の改善につなげるための情報を入手できるという意味で、アンケートというのはとても重宝されるものなのです。

アンケートの理想と現実

データ・リテラシーを養うためには、理想的なアンケートとはどのようなものであるかということ、また、実際には様々な制約から必ずしも理想的なアンケートが実施されていないという現実を、しっかりと理解することが基本となります。

アンケートに関しては、社会調査の教科書でどのように実施すべきかについて具体的に述べられているので、詳細は専門書に譲るとして、ここでは私自身の経験や研究成果などを踏まえて、アンケートに関する基本的な五つのポイントを示します。

A）母集団が小さい場合は全員に聞く
大学の授業評価アンケートなどのように母集団が数十人、あるいは多くても数百人程度であれば、次に述べる無作為抽出ではなく、全員に聞かなければ意味がありません。これは全数調査あるいは悉皆《しっかい》調査といわれるものです。授業のように対象者が一堂に会する機会があるなら、その場で実施すれば手間もかからないでしょう。

しかし多くの場合は、母集団の数が多いため、全員に聞くのは現実的ではありません。毎月全国民に内閣支持率を聞こうとすれば、それだけで一年間に何千億円あるいは一兆円を超える税金を使わなければならないでしょう。国レベルで全数調査が行われるのは、国勢調査など一部のものに限られています。

B）無作為抽出によるサンプル調査が理想

一般的に全数調査が不可能な場合、母集団から対象者を無作為抽出（ランダムサンプリング）で選ぶサンプル調査を実施するのが理想的と言われています。国の世論調査や自治体の住民アンケートでは、基本的には住民基本台帳や選挙人名簿を基に対象者を無作為抽出で選んでいます。

無作為抽出は、誰でも選ばれる確率が同一であることが必須で、ランダムとは言っても手当たり次第に声をかけて調べるといった、いい加減な手法のことを指すのではありません。よくテレビなどで街中の一〇〇人に聞きましたといった類のアンケートがありますが、これは手当たり次第であって無作為抽出ではありません。

無作為抽出で行えば、サンプル数一〇〇で（標本）誤差±10％、四〇〇で±5％、二五〇〇で±2％、一〇〇〇〇で±1％（いずれも信頼水準95％——95％の確率で誤差の範囲に含まれる）ということになります。例えば無作為抽出による四〇〇のサンプルから得ら

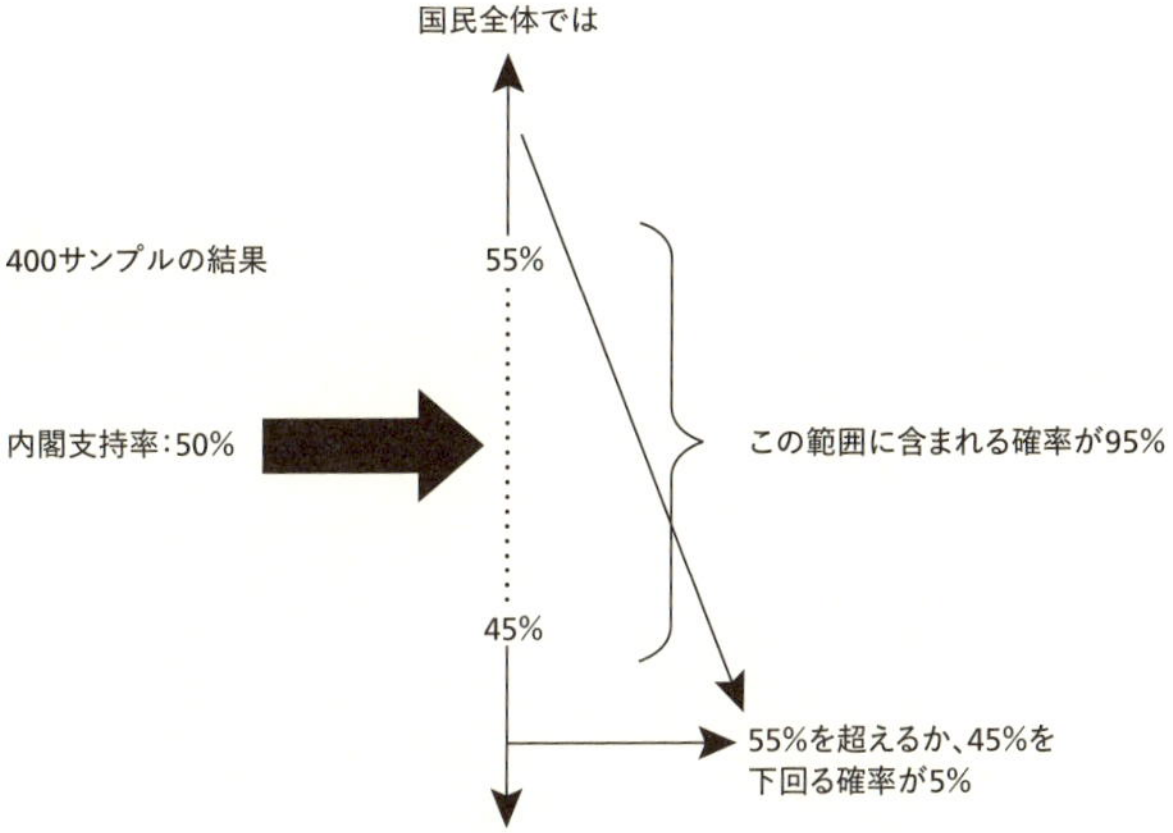

図表1　無作為抽出と実際の内閣支持率の関係

れた内閣支持率が50％だった場合、実際の国民全体の支持率は45％から55％の間に収まる――ただし、5％（100％－95％）の確率でこの範囲からはみ出す――ということになります（図表1）。

ですから、内閣支持率に関して、新聞などの各メディアで同時期に実施される世論調査を見比べてみると、「まえがき」で述べたように数パーセント程度の開きがあります。おおむねどこのメディアも数百から千数百のサンプルを、電話番号による無作為抽出方法（「RDD」と呼ばれています）などで実施しています。時折内閣支持率の差が10％を超えることもありますが、特定の新聞社が常に高くて、政権に批判的な新聞社のものが低いというわけでもありません。

いずれにしても、世論調査というのはだいたいの傾向を示すものと理解しておくのが賢明です。すべての調査が無作為抽出で実施できれば、それに越したことはないのですが、実際には公益性の高い調査でなければ住民基本台帳の閲覧は法律で禁じられています。これはプライバシー保護意識の高まりや、閲覧が犯罪などに悪用された事件が過去にあったことが理由となって、法律が改正されたからです。

そのため、民間の調査機関で実施されているアンケート調査の大部分は、無作為抽出とはなっていない点に留意する必要があります。この点もデータ・リテラシーを高めるうえでしっかりと押さえておくべきポイントの一つです。

C）回答者数よりも回答率に注目する

日本人は外国人に比べて他人の意見を気にする傾向が強いとも言われています。〇万人のアンケート結果と言われると、それだけ多くの人を対象としているのであれば、結果の信ぴょう性は高いと早合点する人もいるでしょう。

例えば以下の二つのアンケート結果があったとして、あなたはどちらの結果を信じますか。どちらの調査も無作為抽出で実施しているものとして考えてみてください。
調査一）回答者 一万人　死刑廃止に賛成70％
調査二）回答者 六〇〇人　死刑廃止に反対70％
回答結果は正反対ですが、多くの人は回答者数が圧倒的に多いということで、単純に調査一を選ぶかもしれません。しかし、もし調査一は五万人に聞いて回答者が一万人で回答率20％、調査二が七五〇人に聞いて回答者が六〇〇人で回答率80％ならどうでしょうか。
実は回答率が低ければ、そのアンケート結果の信ぴょう性も同様に低いものとなってしまうのです。例えば調査一の場合、賛成が70％でも、回答しなかった80％の人のうち賛成が45％に留まれば、賛否が同数で並んでしまい、必ずしも廃止賛成派が多数ということにはなりません。
具体的には0・2（20％）×0・7（70％）＋0・8（100％－20％）×0・45（45％）＝0・14＋0・36＝0・5（50％）となります。調査二の場合は、回答しなかった人がすべて死刑制度廃止に賛成だとしても、過半数が死刑制度廃止に反対ということになります。

つまり、0・8（80％）×0・7（70％）＝0・56（56％）＞0・5（50％）となるのです。

このように、いくら回答者数が多くても、回答率が低いアンケート調査は信ぴょう性が低いのです。実際、回答者数の多さを誇るアンケートの多くは回答率が低く、しかも無作為抽出ではないことがほとんどだということは意外と知られていません。数は力なりという格言もありますが、アンケートに関しては、「(回答）率」は力なり、なのです。アンケート調査の質にこだわることがとても重要だということが、おわかりいただけたでしょうか。

このことは、無理に全員を調査して回答率が低くなるよりは、無作為抽出でサンプル数は少なくても丁寧な調査を行って回答率を高めたほうが、信ぴょう性の高いものになるということを意味しています。

さらに言えば、回答者でなくアンケートの対象者数を売りにしているようなものは、もっと要注意です。一〇万人を対象にしたアンケートで回答率が5％であれば、いくら回答者数五〇〇〇人と言っても、信ぴょう性は限りなくゼロに近づいてしまいます。

D）「世論調査」と「市場調査」の違いを理解する

世論調査とは、国民、市民といったある社会集団の構成員について、世論の動向を明らかにする目的で行われる統計的社会調査、またはその調査技法のことを指すといわれています。無作為に抽出された一定数の人々（サンプル）に問いかけ、その回答を収集するという統計理論に基づいた標本調査であり、標本誤差をともなうものです。

世論とは、世間一般の人の意見や考え方とされています。ここでポイントとなるのが「一般」という言葉です。特定の集団を対象にしたものでもなければ特定の意見でもなく、一般の人の意見を集めるために無作為抽出が用いられているのです。それに対して、結果的に特定の意見を集めたものに過ぎないアンケート結果について、あたかも「一般的に日本人はこのように考えていますよ」といったまとめ方をして報道されるものが、あまりにも多いので注意しなければいけません。

一方、市場調査はマーケティングリサーチとも言われています。企業が活動するうえで、顧客がどのようなニーズや希望、あるいは不満を持っているかを把握することは、商品やサービスを開発するうえでとても重要なことです。市場調査とはまさにこのような顧客のニーズなどを知るために行う各種の調査です。

もちろん、世論調査のように無作為抽出で実施すれば、一般的な顧客ニーズは把握できますが、企業は常に全ての顧客を獲得する必要はありません。むしろ多様な顧客のニーズを多面的に把握することによって、特定の顧客に好まれる商品の開発につなげれば十分ということも少なくありません。

車のメーカーであれば、車に関心がない、あるいは自家用車を持とうと思っていない層の意向は無視しても構わないでしょうし、トヨタであれば、日産やホンダの熱烈なファンの声は必ずしも聞かなくていいでしょう。あくまでもトヨタの車に関心を示しそうな層だけにアプローチすれば、十分だと言えるわけです。

実際の市場調査で用いられる手法は、世論調査と共通するものもありますが、基本的に目指すものが違うだけに、市場調査で得られた結果＝世論と見なしてはいけません。

特定の観光地に関する観光客の意向を把握して、少しでも観光客の増加につなげようというのであれば、無作為抽出によらずに市場調査を行っても、一定程度有用な情報は得られますが、国民の観光に関する一般的な関心を知ろうとするのであれば、世論調査など無作為抽出の方法で調べるのが望ましいのです。

E）アンケートの質問や選択肢にも気を配る

実際に行われるアンケート調査の質問文や選択肢などについても、実は細心の注意が必要です。

回答者を誘導してしまうような質問文や不適切な選択肢によって、正確な世論が把握できなければ、誤った政策が選択されかねません。結果的に損害を被ってしまうのは我々有権者なので、このようなことはやめてもらいたいものです。市場調査でもこの点は同様です。的確な顧客ニーズを把握したいのであれば、自社に都合のいい回答を誘導するようなやり方をしては、結果として企業をダメにしてしまうでしょう。

質問文そのものだけでなく、どのような順番で質問するかによっても、回答が誘導されることがあります。専門用語を多用すれば、回答者はよく理解しないままに選択肢を選ぶ可能性が高まります。長過ぎる質問文も、いい加減な回答を助長しかねません。選択肢が二〇も、三〇もある場合も同様です。全部の選択肢を吟味するのが面倒くさくなって、質問文の近くの選択肢が選ばれやすくなる傾向があるとの調査結果もあります。

いずれにしても、アンケートを実施する側は、常に回答者の立場に立って調査票を設計すべきなのです。質問の数が多過ぎれば答えるほうも疲れてしまって、いい加減な回答をしてしまう可能性が高まり、回答率も低くなってしまうでしょう。アンケートを実施するに当たって、このような点についてしっかりと配慮しなければ、質の高いアンケート結果を得ることはできないのです。

「不正統計問題」はいかにして起こったのか？

二〇一九年の初頭に、世間を騒がせたニュースがありました。厚生労働省の毎月勤労統計に関する不正の問題です。この統計で示されたデータが不適切に算出され、これを基にいわゆる失業保険（雇用保険）の額が計算されたことで、延べで二〇〇〇万もの人が追加支給の対象となりました。連日メディアで報道され、国会でも鋭く追及されたことで統計に対する不信感が日本中を覆《おお》いました。

どちらかといえば、統計というのは地味な存在、まさに縁の下の力持ちのようなものですから、困惑した専門家も少なくなかったでしょう。そもそも、毎月勤労統計調査とはどのようなものなのでしょうか。

厚生労働省のHPによれば、「毎月勤労統計調査は、雇用、給与及び労働時間について、全国調査にあってはその全国的の変動を毎月明らかにすることを、地方調査にあってはその都道府県別の変動を毎月明らかにすることを目的とした調査」と示されています。

具体的には、五〇〇人以上の事業所についてはすべてを対象に、それ以下の事業所については無作為抽出によって対象を選び、給与などの状況を調べているものです。それが、国から受託する調査を行うことが大変なこともあってでしょうか、東京都で五〇〇人以上の事業所の調査が全数ではなく三分の一の無作為抽出によって行われ、本来であればそのデータを三倍して復元すべきところを怠《おこた》っていたために、実態よりも若干少ない数値が公表されていたのでした。

これまでも述べてきたように、常にすべての対象を調査する必要はありません。そもそも、最初から大きな事業所も中小の事業所も同じ比率でサンプルを選んでいてもよかったのです。また、例えば大きな事業所は三社に一社、中小の場合は一〇社に一社で無作為抽出していたのでしたら、前者は得られたデータの三倍、後者は一〇倍しないと歪《いびつ》な結果になってしまうのは、ちょっと考えればわかるはずです。結果として賃金の高い大きな事業所の割合が低くなってしまったため、このような結果を招いてしまったのです。

なぜ、このようなお粗末な事態を招いたのでしょうか。厚生労働省は組織的な隠ぺいを否定し、東京都も全数調査をサンプル調査にして負担を減らすように要請した事実はないとしています。真相は薮《やぶ》の中といったところですが、根本にあるのは基本的なデータ・リテラシーの欠如ではないでしょうか。

厚生労働省のリテラシーの低さ

この問題の本質はどこにあるのでしょうか。厚生労働省の毎月勤労統計の不正調査問題の背景には、霞《かすみ》が関《せき》全体にデータの扱いに関する理解や活用する能力が欠けているという組織的な問題があると私は考えます。

わが国の統計の精度は世界一高いとも言われてきただけに、リテラシーが欠如した職員が統計業務に携わっていたことを、政府はもっと重く受け止めるべきです。統計というものは、単にデータを集める無機質な作業ではありません。経済や人々の状況に関する様々な情報をできるだけ正確に集めるもので、これらが政策形成の基になります。一種の社会的インフラとも言うべき存在です。

霞が関が日本の政策シンクタンクを自負するのであれば、現状分析に関する基礎データを提供する統計の重要性について、もっと認識すべきだったのです。

実は二〇一〇年、当時の長妻昭《ながつまあきら》厚生労働大臣の要請で、後期高齢者医療制度の抜本的見直しに関して、私は統計の専門家の一人として呼ばれたことがあります。その際、意見を聴く対象として、各都道府県からそれぞれ同数の後期高齢者を無作為に選ぶという原案が示されました。

これは各都道府県の後期高齢者人口（七五歳以上人口）の多寡《たか》を全く無視している誤った方法で、無作為抽出という統計の基本的なことすら担当者が理解していないことを思い知らされました。おまけに専門家が指摘したにもかかわらず、無作為抽出のデータとモニター（作為抽出）のものをまぜこぜにして公表するなど、データに対する基本的なリテラシーの欠如が蔓延《まんえん》していると感じた出来事でした。

もちろん、霞が関には総務省統計局など統計の専門家は少なからずいます。厚労省が助言を求めていれば、このような問題にはならなかったにもかかわらず、それができなかったのは、縦割り行政の弊害《へいがい》、それも省庁内でのセクショナリズムも含めて根の深い問題が長年にわたり横たわっているからだと考えます。

官僚の新規採用は、省庁別で行われてきました。同じ専門職であっても、所属省庁以外の者との交流は乏しいのが実態です。さらに言えば、各省庁の幹部人事はジェネラリストとも言うべき事務系、それも特に法律職の職員が過度に重用されてきたという歴史があります。

データへの理解が足りない法律職の偏重が、今回の事案を引き起こした遠因になっているとも指摘できるでしょう。確かに政策や制度を最終的な形にするツールの一つとして法律の重要性は言うまでもありませんが、政策形成は様々な専門知識を総動員すべきものです。

統計だけでなく、自然科学や人文科学の知見も少なからず必要とされるのです。右肩上がりの成長が続くような時代には、前例踏襲型の行政でも事足りたでしょうが、変化の激しい時代には、情報通信の分野を見ればわかるように、新たな技術に関する知見を有する人材の登用が不可避となります。今回の不祥事を踏まえると、少なくとも統計などの専門職は、省庁ごとではなく一括で採用すべきですし、省庁の枠を越えて定期的に異動させるなど、横断的な人事制度を早急に検討するとともに、民間や大学との人事交流を進めることが急務です。

無作為と作為の「抽出ごちゃまぜ」という禁じ手

先ほどの「後期高齢者医療制度の抜本的見直しに関する調査」について、もう少し説明を加えます。これは二〇一〇年五月に実施された「新たな高齢者医療制度に係る意識調査」に関して、どのようにアンケート調査を行うべきなのか、直接大臣室で長妻大臣らと打ち合わせをしたもので、私は三人の専門家のうちの一人として招聘《しょうへい》されました。

厚生労働省の原案では、七五歳以上の方については、広域連合（都道府県単位）の被保険者名簿から約二〇〇〇人を抽出するとし、広域連合ごとに五〇人程度集めるとされていました。つまり東京都からも五〇人、鳥取県からも五〇人ということです。これでは人口の少ない県の声がより重視され、大都市部の声がより軽視されてしまうことは明らかです。厚生労働省はサンプリングの基本的な考え方を理解していなかったのです。

指摘を踏まえ、最終的には人口比で案分するということにはなりましたが、その結果と厚労省のモニターに別途聞いたものを合計して公表してしまうということを勝手に行っていました。つまり無作為抽出と作為抽出のごちゃまぜという禁じ手を犯してしまったのです。これは絶対にしてはいけないと、社会調査の教科書に常に書いてあることです。この出来事からも明らかなように、残念ながら霞が関のデータ・リテラシーとはこの程度のものなのです。

無作為抽出というのは味見に例えることができます。味噌汁の味見をする際には鍋をよく攪拌《かくはん》して、汁が均等になるようにするのは常識です。厚生労働省はそれすら怠って、地方に手厚いアンケートを実施するところでした。しかも、せっかく味見のためにすくったお玉に味噌の塊（＝モニター）を入れるような愚まで犯しました。

このように二重の意味で厚生労働省は失態をしでかしたのです。こうなると統計の専門家がいるいない以前の問題で、本来なら職員のすべてが基本的に身につけておくべき最低限のリテラシーが備わっていなかったというのが、今回の問題の本質なのです。

ちなみに雇用保険の影響額（過少に計算された額）はケースによってまちまちですが、一日当たり数円から数十円程度と、実際には調査の誤差の範囲内と言っても過言ではないものです。データ・リテラシーが欠如していたために、このように大きな問題になってしまったのはなんとも虚しい話ではあります。

インターネット・アンケート≠世論調査

インターネット・アンケートは、無作為抽出を旨とする世論調査とは根本的に異なるものですが、マスコミでさえ時に「インターネットによる世論調査」という誤ったフレーズを用いることがあるので要注意です。

実際、当面はインターネット・アンケートが世論調査の代替にならないことについて、

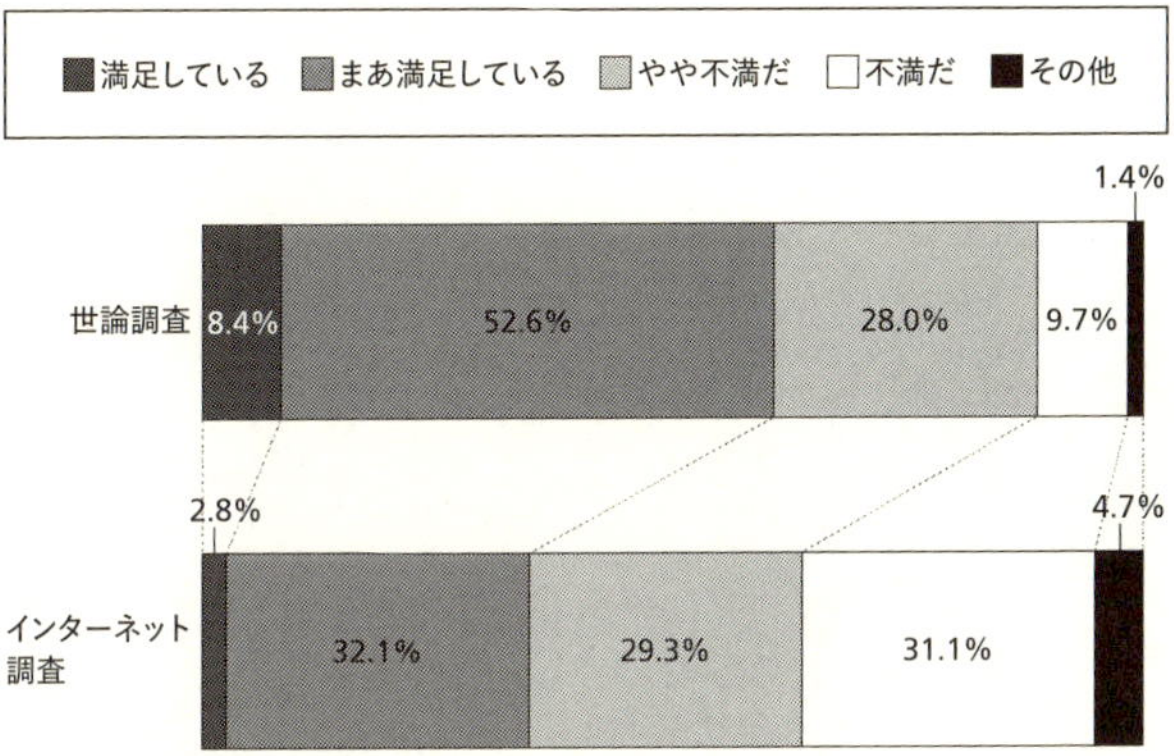

※「世論調査におけるインターネット調査の活用可能性〜国民生活に関する意識について〜（2009年6月実施）」より作成
図表2 「現在の生活に対する満足度」の世論調査／インターネット調査の比較

国レベルで世論調査を所管する内閣府の調査などで明らかになっています。インターネット・アンケートでは、インターネット利用者、それもどちらかといえばヘビーユーザーが主な対象となること、募集により回答に協力するモニターが選ばれていることなど、世論調査とは大きな違いがあります。

この結果、インターネット・アンケートの結果のほうが世論調査に比べて、社会に対する不安や不満を表明する割合が高くなり、社会よりも個人を重視する傾向も強くなります。

例えば、内閣府が実施した「世論調査におけるインターネット調査の活用可能性〜国民生活に関する意識について〜」（二〇〇九年六月）では、現在の生活に対する満足度について、世論調査では「満足している」「まあ満足している」を合わせた割合が61・0％なのに対して、インターネット・アンケートでは34・9％に留まっています。一方、「不満だ」という人の割合は、世論調査では9・7％なのに対して、インターネット・アンケートでは31・1％と大幅に異なっています（図表2）。

この差からもわかるように、世論調査とインターネット・アンケートを同一視してはいけないのですが、どうも同じようなものと考えている人が少なくありません。ここからは、いくつかの事例を通じて、インターネット・アンケートの結果をどのように解釈すべきかについて考えてみましょう。

「阪神上場」世論はどっちだ？

二〇〇五年はいわゆる郵政解散、JR福知山線の脱線事故など、様々なことがあった年です。この年は物言う株主として、村上世彰《むらかみよしあき》氏や堀江貴文《ほりえたかふみ》氏が脚光を浴びていた時期で、村上氏率いる村上ファンドが阪神電気鉄道の筆頭株主となって、阪神タイガースの上場を提案したことで、その是非についてインターネット・アンケートが相次いで行われました。

結果は、調査実施機関によって大きく異なっていました。ここで改めて眺めてみたいと

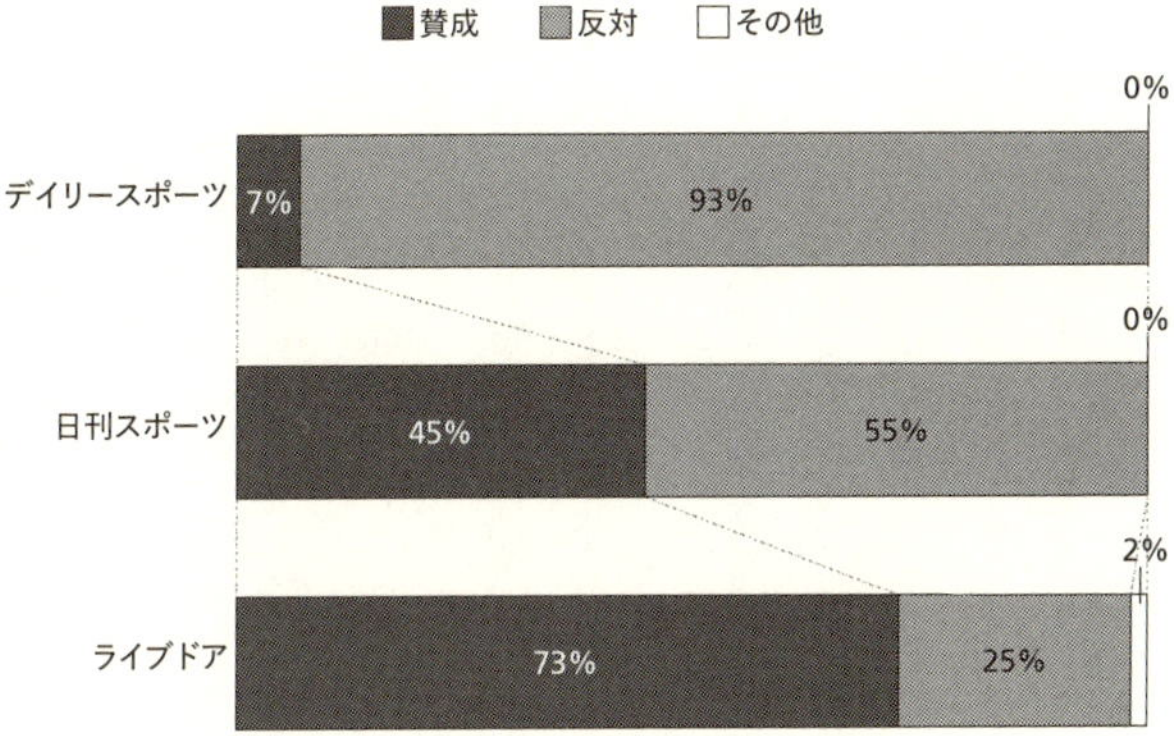

※「朝日新聞」2005年10月15日付（「デイリースポーツHP、2005年10月14日19時現在」「日刊スポーツ、2005年10月11日付」「ライブドアHP、2005年14日14時現在」）より作成
図表3 「阪神上場」に関するアンケート結果

思います（図表3）。

村上氏とも親交があり、阪神上場に賛意を示していた堀江氏が社長を務めていたライブドアのサイトでは、73％の人が賛成でした。そもそもライブドアのサイトに登録している人だけが投票できるシステムになっているので、当時の「ホリエシンパ」が積極的に投票した結果ということなのでしょう。

一方、常に一面の記事が阪神関連と言われているデイリースポーツが実施したアンケートでは、上場に賛成なのはわずか7％。熱狂的な阪神ファンが、こぞって投票した結果であることは言うまでもありません。

日刊スポーツの調査では、賛成45％、反対55％と賛否は拮抗《きっこう》しています。もしかすると日刊スポーツの調査に参加した人が一番冷静だったのかもしれません。

いずれにしても、このようなインターネット・アンケートは、投票したいという強い意志を持った人が参加することによって成立するもので、無作為抽出とは全く異なる手法です。ある問題に関して意見の対立が激しい場合、特に結果が大きく異なる傾向が強いので、参考にするとしても気をつけなければいけません。

阪神上場に肯定的なライブドアのサイトでは賛成派が、否定的なデイリースポーツでは否定派が、大挙して投票を行ったためにこのような結果になったのです。インターネット・アンケートの性格が鮮明に表れたのが、阪神上場に関する調査でした。

「注目されそうな都道府県」の一位は東京、二位は?

いくらなんでも精度が低いと言わざるをえないのが、都道府県イメージ調査「2016年注目都道府県」です。これは、いえ・まち・くらしの情報サイト「at home VOX」が、全国四七都道府県出身の二〇~五〇代男女一四五七名を対象に、「二〇一六年に注目されそうな都道府県」についてアンケートを実施したものです。

ここでは、二〇一六年に注目されそうな都道府県一位には東京都が、二位には三重県が挙げられ、その理由は東京オリンピックや伊勢志摩サミットの開催となっています。また、一〇位に鳥取県、一四位に埼玉県、二四位に茨城県となり、最下位の四七位は佐賀県という結果でした。

一見すると対象者が一五〇〇人近くと、新聞社やテレビ局で実施されている世論調査と同規模で行われていますが、これはインターネットモニターによる投票であり、無作為抽出でもないので、世論調査の名に値しないのは明らかです。しかも、どの都道府県も対象者が三一人となっています。人口比は全く無視して都道府県代表というイメージで調査を行ったのかもしれませんが、これは先に述べた厚生労働省のアンケートと同様の問題があります。仮に人口比で割り戻したら、どのような結果になったことでしょうか。

ちなみに一位の東京都は、18・2%とダントツで、これは人数にすると二六五人となります。理由には、「オリンピックに向けて、何かと注目されそう」「常に注目されている」などが挙げられていますが、仮に無作為抽出で実施しても人口が多いだけに、東京都が一位になる可能性は高いかもしれません。二位の三重県は7・8%で一一四人、理由の大半は「伊勢志摩サミットが開催されるから」ですが、これもおそらくは無作為抽出で実施してもこの年には上位にはランクインしていたでしょう。三位の北海道は7・6%で一一〇人、四位は大阪府の7・5％で一〇九人、五位は沖縄県の7・4％で一〇八人と、三重県との差はわずかです。

この調査は二〇一七年にも行われていますが、そこでは東京都が31・0％とダントツのトップとなり、次いで北海道、沖縄県、京都府、大阪府と続きますが、三重県がトップ10から転落しています。結局、伊勢志摩サミット効果は一年しか続かなかったとも言えますが、他県の順位変動も大きく、残念ながら客観的な調査とは言いがたいものになっています。

「注目されそうな都道府県」という見出しは、多くの人の関心を集めやすいものとなっていますが、内容がともなわなかったためなのか、二〇一八年以降は実施されていません。

転職者の八割がリクナビNEXTを利用!?

「転職者の約8割が利用　リクナビNEXT」

山手線などの車内でよく見かけるこの広告、転職に関心がない人でも都内に通勤するサラリーマンで知らない人はいないのではないでしょうか。リクナビはリクルートグループが提供する就職ポータルサイトで、このうちリクナビNEXTは社会人の転職者・中途採用者向けの就職サイトです。

このデータの出所は、マクロミル社による正社員転職者の実態調査とされています。具体的には、「正社員転職者の実態調査２０１３年2月実施（インターネットによる２０１２年に転職した正社員転職者へのアンケート調査：調査機関マクロミル）」と書かれています。

この見出しを読むと、転職した人の約八割は就職サイトのリクナビＮＥＸＴを使って今の会社に移ったのか、そうか、これだけ多くの人がリクナビＮＥＸＴを通じて転職しているのであれば、私も転職するならリクナビＮＥＸＴを使おう、と思う人も少なくないでしょう。

果たしてこの約八割というデータの信ぴょう性は、どうでしょうか。これもインターネットによるアンケート調査なので無作為抽出ではなく、あくまでマクロミルに「わざわざ」登録したユーザーの中から対象者が選ばれていることに留意する必要があります。マクロミル社のホームページでは公表されていないので、どのように対象者を選んだのか、どのような質問項目であったかについては、想像するしかありません。

ただ、ここでは転職者といっても、インターネットの転職サイトを使って実際に転職した人が母集団となるのは明らかです。見出しだけを読むと、ハローワーク経由なども含めたすべての転職者と考える人も少なくないでしょうが、約八割が特定の転職サイトを使って転職したということは考えにくいものです。勝手に転職者＝すべての転職者と定義を広げてはいけません。

また、ここではあくまで「利用」となっています。実際、リクナビＮＥＸＴの広告の中では、「事実、民間の転職サイト経由で転職した人のリクナビＮＥＸＴ会員は76％」と明確に書かれていたものもあります。「利用」というのは、あくまでリクナビＮＥＸＴの会員が約八割ということで、これらの人々が転職の際にリクナビＮＥＸＴを使ったとは限りません。しかも、この注意書きは字が小さ過ぎてほとんど読めないものです。

結局のところ、多くの人は少ない情報量しか出ていない見出しの内容について、勝手に拡大解釈してしまっているのです。これはリクナビＮＥＸＴが上手に見出しを作ったとも言えるかもしれませんが、情報の受け手である我々はこのような見出しを鵜呑みにしてはいけませんし、時には面倒だと思っても小さな字で書かれている注意書きをしっかりと読むことが必要です。これは契約書や保険の約款《やっかん》などでも言えることです。

いずれにしても、インターネット・アンケートは無作為性を旨とした世論調査とは異なるということを、胆に銘じておく必要はあります。もちろん、市場調査の分野では役に立つことも少なくないのですが、必ずしも一般的な声とはならないということ、特に意見の相違が鮮明に出るようなテーマや現状に対する満足度などに関する調査では、世論調査とは大きく異なりうる結果になる傾向があることは、理解しておかなければなりません。

ごく一部の特定の声が「民意」になってしまう!?

アンケートというものがすべて客観的に実施されていると思ってはいけません。特定の層の動員を招く、あるいはわざわざ動員して結果を捻《ね》じ曲げているようなものは枚挙に暇《いとま》がないのが現実です。もちろん、各種の団体などがそれぞれの構成メンバーやシンパに呼びかけて動員をかけることを禁じる術《すべ》はなく、また、表現の自由や結社の自由などの観点から、禁じるべきではないと強く主張する声もあります。

しかし、そのようなまさにダメアンケートとも言うべきものを、あたかも世論調査のようなまともなものとしてマスコミが取り上げるのは、まさに世論操作を行っているとしか言いようがありません。実際、このような世論操作のためにダメアンケートがもっともらしく取り上げられるケースは依然として多いです。

例えば共同通信は、「安保法案『反対』が95％超　大阪、2千人が市民投票」という記事を報じています。

国会審議中の安全保障関連法案に対する賛否を問う「市民投票」を大阪市の市民団体が実施し、開票結果が12日、発表された。投票総数2516票のうち、反対が2409票で95％超に上った。賛成は4％弱の92票で、残る15票は無効だった。投票は「平和と民主主義をともにつくる会・大阪」が主催し、12日に大阪市内で開いた集会で結果を報告した。安倍晋三首相や国会にも文書で届ける予定という。3日間の「期日前投票」のほか、4～11日の8日間、大阪市内に投票箱を設置して年齢や国籍を問わずに参加を呼びかけ、賛成の場合は「○」、反対なら「×」を書いてもらう方式で実施した。

（「共同通信」二〇一五年七月一二日配信より）


安全保障関連法案については、国民の中でも意見がはっきりと分かれたことは記憶に新しいかと思います。この市民団体は関連法案には反対の立場だったので、当然のことながら支援者がこぞって投票し、このような極端な結果になったのでしょう。その意味では、

「市民」と言っても特定の意見を強く主張する人々の声が集約されていると言えます。

あるいはこの法案に賛成の団体が同様のアンケートを行えば、正反対の結論になったかもしれません。それを新聞などが取り上げれば同様の問題が生じます。

繰り返しになってしまいますが、このような投票やアンケートは様々な動員を招く可能性が極めて高いということは、胆に銘じておくべきです。「偏った」アンケートを積極的に取り上げるマスコミにこそ、特定の意図があると言わざるをえないのではないでしょうか。

禁煙条例制定をＪＴが妨害した⁉

何も動員をかけるのは市民団体だけではありません。企業、それも一定の公益性が高いと思われるようなところでも、組織の存続に関わるようであれば、なりふり構わずやってしまうことがあります。

神奈川県の喫煙に関する条例制定に対して、ＪＴが動員をかけたことが問題となったケースがあります。読売新聞は次のように報じていました。

神奈川県が、公共の場所を全面禁煙にする全国初となる条例の制定について賛否を問うインターネット・アンケートで、日本たばこ産業（JT、東京都港区）が社員を動員し反対の〝投票〟をさせていたことが14日、わかった。先月26日の締め切り直前に、反対が賛成を逆転。県はネットを使わずアンケートをやり直す。

JTは「社員に回答の協力を依頼した」と動員を認め、「条例が成立すれば、ほかの自治体に波及する恐れがあった」としている。アンケートは昨年12月27日～1月26日、県のホームページ上で実施。受動喫煙防止に関する設問の中で、「条例で公共の場所の喫煙を規制すること」について、「賛成」「反対」を聞いた。1月20日頃までは賛成が反対を大幅に上回っていたが、締め切り2日前になって逆転した。回答は40447人から寄せられた。

（「読売新聞」二〇〇七年二月一五日付より）


神奈川県の対応は、受動喫煙対策を強化するためのものです。健康増進法が制定され、世界的に公共の場所での全面禁煙の動きが進む中、なかなか対応が進まない国にしびれを切らして県が先進的な取り組みを進めようとしていたのを、JTが組織的に妨害したのでした。本来であれば神奈川県は、ＪＴを威力業務妨害で告訴すべきではなかったかとも思われます。

またどういうわけか、マスコミ各紙はこの件について、あまり大きく紙面を割いていませんでした。もし、これが新聞や系列の週刊誌の広告主としてＪＴが名を連ねていることが影響した結果であれば、マスコミの自殺行為ではないでしょうか。それともＪＴに関しては手ぬるいのは、依然として新聞記者の多くが愛煙家だからなのでしょうか。

以前は国営企業として三公社の一角を担い、民営化されてもそれなりの公益性があるということで国から優遇されている面も少なくないだけに、ＪＴの行いは決して許されるべきものではないと思います。

とは言うものの、動員が本当にＪＴだけだったのかもわかりません。先の記事では一月二〇日ごろまでは賛成が反対を大幅に上回っていたとされていました。もしかすると嫌煙団体などが中心となって、賛成票を投じるための動員があった可能性もあります。その動きをＪＴが察知して慌てて動員したため、例えばメールの発信元から、すぐにＪＴだとバレてしまうお粗末な取り組みになってしまったとも考えられます。

このような賛成、反対の両方の勢力が動員をかけることは、決して珍しいことではありません。いわゆる国民参加型の会議や調査では、扱う問題に対して激しい意見の対立がある場合に、このような動員が様々な形で起こりえます。そしてこのことを主催者だけでなく、我々もしっかりと認識しておいたほうがよさそうです。

日本の女子学生の13%が援助交際をしている⁉

アンケートの中には、フェイクニュースと言ってもいいくらいに、無茶苦茶なものも少なくありません。そのようなデータの信ぴょう性を検証するに当たっては、その出所がどこなのかについて必ず確認すべきです。出所が明らかでなかったり、分析がいい加減だったりするアンケートの結果が独り歩きすると、とんでもないことになってしまいかねません。しかし残念ながら、繰り返し同じようなことが起きています。

「日本の女子学生の13%が援助交際を経験」

これを聞いて、ショックを受けた人も少なくないでしょう。それも国連の特別報告者が発言したとなれば、本当なのだろうと思ってしまっても無理もない話です。しかも当初は通訳のミスで、13%を30%と訳してしまったというおまけつきでした。しかし、その後の報道で、これが根拠のないデータであることが明らかになったのです。

この発言をしたのは児童売買や児童ポルノなどに関する国連特別報告者で、オランダ出身のマオド・ド・ブーア・ブキッキオ氏でした。二〇一五年、日本の児童ポルノなどの状況を視察するために来日し、東京都内で開いた記者会見での発言で、これを受けて外務省は国連人権高等弁務官事務所（OHCHR）に数値の根拠を開示すべきだと抗議しました。

これに対しOHCHRは、数値は公開情報から見つけた概算であり、緊急に対応すべき事象だという点を強調するために言及したと釈明する声明を出しました。果たしてどっちが正しいのかと思ってしまいそうですが、外務省は数値の根拠が明らかになっていないことから、国連の肩書きを持つ者が発言することで事実かのような誤解を生むとして、改めて発言撤回を求めました。

当然のことながら、データの根拠を示すことは、データを使う側として最低限のエチケットのようなものです。実際、菅義偉《すがよしひで》官房長官は記者会見で、特別報告者本人から「13％という数値を裏付ける公的な最近のデータはなく、誤解を招くものだった」との主旨の書簡が日本政府に届いたことを明らかにしました。また、政府としては引き続き客観的データに基づく報告書作成を求めていく姿勢を示しました。

こんなことが許されていいのかと思ってしまいますが、官房長官が言うように、客観的データを示すことはどんな場合であっても必要不可欠です。アンケート結果と思《おぼ》しきデータの出所がはっきりしないようなものを、国連という権威ある機関に関わる人間が軽々に使うべきではないことは明らかですが、この報告者はいったい何がしたかったのでしょうか。日本の評判を単に貶《おとし》めたいと思っていたとは考えにくいですが、やっていることはまさにそのような卑劣なことです。

二〇代男性の40%が性交渉経験なし!?

「若い男性が草食化している」などと言われて久しいですが、「二〇代男性の40%がセックス経験なし」というニュースも、インターネット上などでかなりの反響がありました。「そんなに多くの男性が?」と思う人も少なくないでしょう。

この報告は、性教育や不妊相談を手がけている民間の日本家族計画協会が、二〇一三年に発表しました。実際の調査結果に関するレポートは、「第二回ジャパン・セックス・サーベイ」としてまとめられていて、全国の満二〇歳から六九歳の男女を対象に、インターネット・リサーチを実施しています。調査配信数は一〇万六八七一人で、都道府県間の比較を行うために、四七都道府県から回収順にしたがって均一に一〇七サンプルを収集して、合計五〇二九人を集計対象としています。

二〇代男性の40％が「ない」と回答しているというのは、二〇代女性で「ない」と回答した21％の二倍であり、三〇代男性で10％、三〇代女性で7％と差は縮まり、それより上の年代も男女差はあまりなかったとされています。

この調査が正しければ、日本人の二〇代男性のうち五人に二人はいわゆる童貞ということになります。日本家族計画協会という名前からして、きっちりとした調査なのだろうと思ってしまうかもしれませんが、この調査結果はどうも怪しいところがあります。

まず、インターネット調査であることからして、無作為抽出ではないことは明らかです。一般的な声とは異なるということは、この時点で言えるでしょう。しかも回答率はわずか5％で、なおかつ回答者は「このような調査にわざわざ回答する人」であることから、かなり偏りがあると考えていいでしょう。

おまけにこの調査では、都道府県ごとの人口数を考慮せずに同数をサンプルとしています。これは先ほどの「注目されそうな都道府県」の調査と全く同じ過《あやま》ちを繰り返しています。

問題点を傍証するデータはいくつかあります。

例えばこの調査における二〇代男性の未婚率は89・2%となっていますが、二〇一〇年国勢調査における未婚率は79・6%と約一〇ポイントも低くなっています。要は二〇代の中でも、未婚者のほうがより多く回答を行っているということです。既婚者は性交渉の経験があるでしょうから、この点だけを考慮しても経験がない男性の割合は、少なくとも数ポイント程度は減少するでしょう。

また、同じく日本家族計画協会が二年ごとに実施している「男女の生活と意識に関する調査結果」とも食い違いが見られます。この調査では無作為抽出による方法で対象者を選んでいて、回答率は四二・四%となっています。若干回答率が低いところではありますが、厳密に無作為抽出を行っているので信頼に足る内容ではあります。

この調査で、いわゆる初体験をした人の割合が、30%、50%、70%を超える年齢についても調べています。男性で30%を超えるのは、いつの調査でも一八歳ですが、50%に関しては、二〇〇四年以降は一九歳だったのが二〇一四年には二〇歳となっています。また、70%に関しては、二〇〇六年は二一歳だったのが、二〇一四年には二四歳となっています。

確かに「奥手」の傾向が強まってはいそうですが、二四歳の時点で異性との性交渉の経験がない男性は三割を切っていることになります。いずれにしてもこちらの調査のほうが、無作為抽出で行っているだけに信頼性ははるかに高いということは言えます。やはり二〇代で約四割というのは、現実の姿よりもかなり偏ったデータということになります。

「第二回ジャパン・セックス・サーベイ」では、年代ごとに初めて異性とセックスした年齢の割合も示されていますが、これによれば二〇代男性では二九歳までに85・5%が経験ありと回答しています。これと約四割の違いはいったい何なのでしょうか。

この協会の行った調査を相互に比較するだけでも、かなり問題があることは明らかです。回答者数を見ても、二〇代は三四三人、四〇代は六八二人といったように、実際の人口比よりもかなり偏りが大きいのも気になります。

また、信頼に値するはずの「男女の生活と意識に関する調査結果」でも、実は誤ったデータの公表がありました。当初の報告では、セックスの経験がある人が50%を超える年齢について「男性二九歳、女性二八歳」としていましたが、正しくは「男性二〇歳、女性一九歳」だったとされています。計算やまとめ方にミスがあったようです。

どうも日本家族計画協会のデータ・リテラシーには、大きな問題があるようです。調査結果のインパクトが強いだけに、その影響力の大きさを考えれば決して看過できるものではないはずです。例えばＣＮＮでは「日本で『中年童貞』が増加 その背景は」と題して、次のような記事の配信を行っています。

１９８０年代、記者が独身女性として日本で暮らしていた頃、日本経済は絶好調で、デートシーンも熱かった。流行の先端を行く女性は結婚前に処女を失うことをためらわなかった。だが、時代は変わり、性への関心は薄れた。先ごろ発表された政府調査によると、「面倒くさい」などとして、恋愛相手を必要としない傾向が拡大。20～30代の日本人の40パーセント近くは異性関係を持っていない。２０１０年に行われた調査でも、30代で独身の日本人男性のうち４人に１人が童貞だとされている。

（「ＣＮＮ」二〇一五年一二月二七日配信より）

「政府調査によると」とあるこの記事のデータの出典は明らかではないですが、日本家族計画協会の調査結果も影響したと考えられます。先述の国連報告者の「デマ」もそうですが、根拠が全くなかったり、信ぴょう性の面でかなり怪しかったりするアンケート結果のデータが世界に配信され、それで勝手に日本人像が歪められてしまっては、たまったものではありません。

同様のことが特定の企業や特定の産業について論じられてしまえば、経済的なダメージは決して小さくはないでしょう。これは後述する各種ランキング、特に顧客満足度調査などで顕著に表れるものです。改めて一人ひとりのデータ・リテラシーが重要になってきます。

話にならないテレビの「一〇〇人アンケート」

ここまで読んでいただいた読者なら、テレビでよく放送されている「緊急一〇〇人アンケート」の類は、話半分で聞き流したほうが無難だということは理解してもらえるでしょう。無作為で対象者が選ばれているわけでもなく、まさに手当たり次第に街角などでインタビューして一〇〇人の声をかき集めただけであって、世論でも一般的な声でもないのです。

一例として、麻薬取締法違反で逮捕され、執行猶予《ゆうよ》付きの有罪判決を受けたピエール瀧《たき》氏が出演している映画の上映の是非について、フジテレビの「とくダネ！」で一〇〇人アンケートの結果を紹介していて、八二人が出演作の公開に賛成していました（二〇一九年三月二一日放送）。しかし、これを見て「圧倒的多数が賛成している」と結論づけることはできません。

そもそも一〇〇人程度を対象とした場合、仮に無作為で回答者が選ばれていたとしても±10%程度の誤差は避けられません。賛成が50%でも、実際は40%から60%までの可能性があるのです。実際には丸の内で聞いても、新橋で聞いても単に手当たり次第に聞いているだけでバイアスがかかってしまい、無作為ですらないので、70%が賛成だったり、30%しか賛成していなかったりということも起こりえます。

特に阪神上場の問題のように、賛否が激しく分かれるようなテーマの場合、あるテレビ局が聞いた場合は賛成が80%、別のテレビ局が聞いた場合は20%ということもありえるのです。

結局のところ、あることについて回答した一〇〇人の声に過ぎないのであって、一般的にそうだと考えてはいけません。それにもかかわらず、テレビ局がそのようなアンケートを延々と続けているのは、手っ取り早く一般市民の声が把握できるといまだに考えているからかもしれません。

このような安易なやり方を続けているということは、マスコミのデータ・リテラシーが全く改善されていないということを、自ら明らかにしているだけです。

第二章　すべての「ランキング」は参考値

ランキングが好きな日本人の国民性

ランキングとは何とも便利なものではあります。その意味は、格付け、順位、序列とされています。つまり、ランキングをすることで人や組織を格付けし、順位をつけ、その序列を決めているのです。その多くはなんらかの形で人や組織に関してポイントをつけ、その多寡で順番を決めることによってランキングを作成しています。

ランキングの結果は気にしても、どのようなデータを使い、そしてどのような方法でランキングが計算されているかということには、あまり関心を示さないものです。ランキングを実施する側も、結果については大々的に報じても、その手法などについては備考欄などに申し訳程度に記述することが多いのが実態です。中には全くその手法について書かれていないものすらあるのは、とても残念なことです。これではランキング結果が正しいのかどうかを検証することも不可能だからです。

世界的に見ると、どうも日本人はランキングが好きな国民であるようです。国から自治体、大学、病院、スポーツ、そしてレストランにいたるまで、ありとあらゆるものがランキングという形で毎日のように評価されています。もちろん、諸外国でも様々なランキングは行われていて、イギリスでは大学や高校など学校の評価結果が、ランキングという形で新聞紙上に大々的に掲載されますし、長者番付や音楽の売上ランキングは多くの国で行われています。しかし、それに比べてもこれほどまでに日本人がランキング好きなのは、どのような背景があるのでしょうか。

実は日本のランキングの歴史は、江戸時代の大相撲などの番付表にさかのぼることができます。大相撲の番付表は、興行に参加する力士の名前と序列を明らかにすることを目的に作成されています。東と西に力士が分けられ、東のほうが西よりも格が上となっているのが特徴です。

江戸時代には、相撲の番付表を参考にして、園芸植物の品種や歌舞伎役者、温泉・名所、落語家など、様々なものがランクづけされ、番付表が出版されていました。昔から日本人はどうもランキングが好きだったようです。ちなみに、下の順位の者が上の順位の者を負かす「番狂わせ」という言葉は、番付表からきています。判官びいきなところがある日本人にとっては、番狂わせはこの上もない喜びなのかもしれません。

このように、江戸時代から日本人は様々なランキングに親しんできました。ある意味、日本人のＤＮＡに、ランキングがしっかりと刻まれているのかもしれません。

あらゆるところにランキングが！

それでは世の中には、どのようなランキングがあるのでしょうか。ランキングとは順位づけのことですから、順位をつけるための情報さえあれば、個人であれ、組織であれ、動植物であれ、自然であれ、どのようなものでも可能です。

個人であれば、いわゆる長者番付は定番のランキングです。個人情報保護意識の高まりなどによって日本では、高額納税者に関しては廃止されましたが、現在でも世界の長者番付といった形で、世界中の大金持ちの資産総額などはランキングされています。

中学校や高校などの校内・校外の試験結果なども、ランキングそのものです。特に大手予備校が実施する模擬試験の場合、数十万人規模の受験生一人ひとりに順位がつけられているのですから、我々の多くは一〇代のころから大規模なランキングに、好むと好まざるとにかかわらず慣らされているとも言えます。さらに言えば、高校や大学の入学試験というのは、点数の順位によって合否を判定しますから、究極のランキングです。

地方自治の分野でも、一九九〇年代には都道府県ごとの豊かさがランキングの対象とされ、その結果が物議を醸《かも》しました。最近では、評価の対象はむしろ都市に移っているようで、都市の行政サービスの質や行政の革新度、ＩＴ化の取り組みや住みやすさ、子育て環境、ブランド力などがランキングで示され、都市間の競争を煽《あお》っている感すらあります。

また、世界の主要都市ごとの生計費や安全度なども、様々な指標を使って比べられるようになっています。都市だけでなく、国も国債の信用度をはじめ、国際競争力やIT、観光、女性の社会進出度、幸福度など、様々な角度から格付けがされています。

もちろん、ランキングされるのは国や自治体といった公的な組織だけではありません。むしろ企業は常にランキングを意識して経営を行っていると言っても過言ではないでしょう。企業の収益や売上高、販売数など、一つの指標の値の多寡だけで競う場合は比較的単純なランキングですが、環境にやさしい企業ランキングとなれば、様々なデータを総合化して評価することとなります。あるいは、大学生に人気の企業ランキングとなれば、どのような大学生が回答しているか、気になるところではあります。

書籍や音楽のランキングも、単純に販売数だけで競っているものばかりではありません。最近では、著名な医師や患者のアンケート結果、あるいは手術数などを基に、病院をランキングする動きも目立ってきました。格付けといえば、世界的には星の数で評価を行うミシュランが有名ですが、二〇〇七年には東京の料理店が格付けされ、さらに二〇〇九年には日本の観光地に星がつけられるようになりました。

このように、様々なランキングが世の中に存在していますが、ランキングが最もよく用いられているのは、スポーツの世界です。サッカーなどの団体競技では国別ランキングが、また、テニスや卓球、フェンシングなどでは個人のランキングがよく使われています。大《おお》坂《さか》なおみ氏が世界ランキングで一位になって多くの日本人が感動したことは、記憶に新しいところです。

スポーツの世界は勝ち負けを競うものなので、どこが強くてどこが弱いかは観客の最大の関心事です。また、常にすべての相手と対戦しているわけではないので、対戦結果だけでどこが一番強いかを判断するのは難しい側面があります。そこで、過去の様々な対戦結果などからポイントを加算し、一番多い者を一位とします。順位が上位の者が下位の者に負けると、次のランキングでは順位が変わっていきます。このようにして時々刻々、ランキングが移り変わることは、観客にとっても競技者にとっても心地よい緊張感を与えてくれるのです。

ランキングは誰が何のために作成している？

では、いったい誰がランキングを作っているのでしょうか。

スポーツの場合は、その競技の元締めとも言うべき組織によって作られる場合がほとんどです。サッカーであれば、ＦＩＦＡ（国際サッカー連盟）が男女の国別ランキングを作成していますし、男子プロテニスの場合は、ＡＴＰ（Association of Tennis Professionals）というプロテニス協会が選手のランキングを発表しています。これはいわゆる業界団体による構成団体／団体員のランキングとも言えるでしょう。

しかし、一般的にはランキングされる側とは一線を画した、第三者とも言うべき存在がランキングを作成しているケースが多いようです。

例えば、都道府県や都市のランキングは、銀行系やマスコミ系のシンクタンクが作成していることが多くなっています。これらは本業として様々な調査研究を行っているところなので、ランキングを作成する際に必要となるデータを多数持っていて、また、自治体をランキングし、格付けすることで、外部機関（第三者機関）として行政活動を評価し、監視しているとも言えるでしょう。

レストランや観光地を評価することで有名なミシュランは、元々はフランスのタイヤメーカーです。直接レストランや観光業を営んでいるわけではないので、第三者と言っていいでしょう。郊外のレストランや観光地を多くの車が訪れることで、走行距離が増え、タイヤの摩耗《まもう》が促進されて交換されやすくなれば、タイヤメーカーとしては万々歳ですから、間接的な利益を考えてランキングを作成しているのです。まさに「風が吹けば桶屋が儲《もう》かる」のフランス版ということでしょう。

国ごとの国際競争力を毎年ランキングする世界経済フォーラムは、ダボス会議などを主催する世界的な非営利団体です。この団体の評価は、世界各国の首脳や経済界の関係者に大きな影響を与えています。

オリコンはCD売上や芸能人の人気など、芸能界に関する様々なランキングを作成していることで有名です。近年ではインターネット・アンケートによるランキングを公表し、それを生業《なりわい》にする会社も増えてきました。

しかし、インターネット調査はこれまで述べてきたように無作為性はなく、一種のモニター調査になっていることに注意する必要があります。市場調査としてはそれなりに有効であっても、一般的な声とはなりえないからです。

企業や金融機関をはじめとする様々な経済主体や、債券に代表される金融商品の債務の履行能力に関して格付けを行う会社などは、まさにランキングなくして存在しえないものです。場合によっては各国が発行する国債まで格付けし、一国の経済運営に大きな影響を与えることすらあるのです。

それでは、このように巷に氾濫《はんらん》しているランキングは、何のために作られているのでしょうか。

スポーツの場合は、それぞれの競技の主催団体がランキングを作成することからもわかるように、ランキング結果がトーナメントの組み合わせなどに反映されることが少なからずあります。特にシード権など、試合数や組み合わせで利点を提供する際には、ランキングが考慮されやすいです。

また、選手もランキングが出ることで、この相手は格下だから負けられないとか、はるかに格上だから当たって砕けろの精神で戦うといったように、様々な形で心理的な影響を受けるでしょう。試合を見る観客も、選手同様の気分で観戦することになるでしょう。

スポーツでは、ランキングはどちらが勝ちそうかという目安となりやすく、それを参考にして賭けの倍率が作成されたりもします。実際、イギリスのように賭け事が比較的自由に認められている国では、ブックメーカーといった政府の認可を受けた会社が、サッカーやラグビー、クリケットなど様々なスポーツの試合で賭けを行っています。

では、国や自治体などの公的組織がランキングの対象となっている場合、いったい誰がどのようにランキング結果を活用しているのでしょうか。中には自治体の暮らしやすさなどのランキング結果を参考に、新たに住む地域を決めようとする人も実際にいるかもしれません。

一方、世界各国の主要都市における生計費のランキングなどは、一般の人には直接影響はしないでしょうが、商社など従業員を各国に派遣する企業は、派遣する従業員に対する住居手当をはじめとした各種手当を算出する際の参考としますし、場合によってはどこの都市に駐在させるかを判断する材料にも使われるかもしれません。

国に関するランキングの場合は、それが安全度や投資のしやすさなどの目安として活用できると判断すれば、世界的な企業は海外進出などの参考に使うことはあるでしょう。さらに国債や社債などの格付け結果は、その債券の信用度を示す指標となるだけに、多くの投資家が自らの投資行動の参考にすると考えられます。

このように見てみると、公的組織のランキングは庶民のためというよりは、世界的な企業や投資家のように「リッチ」な人や組織のために行われているという側面が少なからずありそうです。

一方、病院ランキングのように一般の人にとって関心の高いものの場合、患者さんやその家族などは、ランキング結果を参考にして病院選びを行うことも多いでしょう。やはり、入院したり、手術を受けたりする以上は、誰しも名医のいるところでお願いしたいと思うのは理解できます。また、ランキングする側も、そのような需要があることを見越して作成するのでしょう。

これと似たようなものとして、企業ランキングがあります。就職を控えた大学生の中には、世間一般でよく評価されている企業に入りたいと考える人もいるでしょう。その一方で、就職したい企業ランキングなどは、人気が高いということはライバルがそれだけ多いことを示す指標にもなるだけに、ランキング結果を見て就職活動を敬遠する学生も中にはいるのかもしれません。

書籍やCDの売上ランキングなどは、上位に並ぶものがさらに売上を伸ばすという傾向もあるようです。多くの人が読んだり聞いたりしているのだから、自分も買ってみようという心理が働くのでしょう。これはレストランなど、食に関するランキングも同様です。

いずれにしても、ランキング結果は様々な人たちによって、様々な形で参考にされ、用いられているものです。その意味ではやはりランキングは重宝なものと言うことができるでしょう。

「ゆとり批判」の端緒もランキング⁉

それでは、ランキングの実像はどのようになっているのか、そしてランキングの結果はどの程度正しいのか、この点について、各分野の代表的なものを取り上げて検証してみましょう。

教育の世界では、ランキングを作ることが当たり前になっています。例えば、二〇〇七年から実施されている全国学力テスト（正式名称は「全国学力・学習状況調査」）では、都道府県ごとの結果が示されると、なぜ日本海側の県が軒並み上位なのか、沖縄県や北海道が下位に低迷しているのはどうしてなのか、といったことがマスコミでも再三取り上げられました。教育熱心な地域性があるのでは、あるいは職員組合が強いところがランクが低いのでは、といったことまで取り沙汰《ざた》されています。

しかし、都道府県ごとに子どもたちの学力を単に順位づけすることは、全国学力テストの本来の目的ではありません。様々な項目も同時に調べ、学習行動などにどのような課題があるのか、どのような能力が身についていて、どのような分野に弱点があるのか、さらには家庭環境と学力に関係があるかなどを分析して、今後の教育政策に生かすために行われているのです。

このテストが実施されるきっかけとなったのが、ＯＥＣＤ加盟国などを対象とした一五歳児の学習到達度調査（ＰＩＳＡ）です。特に数学的リテラシーについては、日本が二〇〇〇年に一位だったのが、二〇〇三年に六位、二〇〇六年に一〇位と急激に下がり続けたことに対して、円周率を3で良しとしたような、いわゆるゆとり教育を導入したために成績が下がったのではないかとの批判が強まり、全国学力テストの復活につながったのでした。

ただ、ゆとり教育の本来の主旨は、これまでの詰め込み教育と称される知識量を偏重するやり方を変えて、思考力を鍛える学習に重きを置いたもので、学習時間と内容を減らしてゆとりある教育を目指すことだったはずです。

学力ランキングの順位低下がゆとり教育に起因すると必ずしも言えるかは明らかではなく、そもそも他国の学力が上がったために相対的に日本の順位が下がった可能性も否定できません。ランキングの結果に世間が過剰反応して、犯人捜《さが》しをする中で、矢面《やおもて》に立たされたのがゆとり教育だっただけなのかもしれません。

実は一九五六年から全国規模の学力テストは実施されていましたが、教員による正解の誘導や職員組合の反対などもあって、約四〇年もの間中断していたのでした。それでも四〇年前と同様に、教員による不正などは起きています。復活させたにもかかわらず、結局は同じ轍《てつ》を踏んでしまったということのようです。

世界大学ランキングによって政策が動く!?

国の政策を変えるといえば、イギリスなど各国の機関が実施する世界の大学ランキングの影響は、私のような大学にいる立場からすれば無視できない存在です。文部科学省は世界ランキングの上位に入る日本の大学数を増やすことを目標に、大学政策に関しても予算の傾斜配分を行うなど、大きく方針を変えようとしています。特にアジアにおける地位の低下に危機感を強く抱き、ランキング上位校への重点的な支援を始めています。

具体的には、「日本再興戦略２０１６」の中で、イノベーション政策のＫＰＩ（重要業績評価指標）として、今後一〇年間で世界大学ランキングトップ１００に一〇校以上入ることを目指すとしています。この時点では Times Higher Education 誌（以下「ＴＨＥ誌」）のランキングでは二校、Quacquarelli Symonds 社のランキングでは五校、上海交通大学のランキングでは四校と目標を大きく下回っています。二〇一八年から二〇一九年にかけて発表されたランキングの主な結果をまとめたのが図表4です。

これらのランキングでは、いくつかの分野ごとに評価のウエイトを定めて得点を総合化して比較しています。例えばTHE誌のランキングでは、「教育」「研究」「引用された論文数」がそれぞれ30％となっていて、「国際性」7・5％、「産業界からの収入」2・5％となっています。

このうち、「教育」「研究」に関しては、外部教員などの有識者のアンケート結果で得点化されていますが、その有識者の国籍が英米圏に偏っていますし、「引用された論文」を見ると、英語によるものがほとんどとなっています。また、「教員一人当たりの学生数」

順位	THE世界大学ランキング2019
1位	オックスフォード大学
2位	ケンブリッジ大学
3位	スタンフォード大学
⋮	⋮
42位	東京大学
⋮	⋮
65位	京都大学

順位	QS世界大学ランキング2020
1位	マサチューセッツ工科大学
2位	スタンフォード大学
3位	ハーバード大学
⋮	⋮
22位	東京大学
⋮	⋮
33位	京都大学
⋮	⋮
58位	東京工業大学
⋮	⋮
71位	大阪大学
⋮	⋮
82位	東北大学

順位	世界大学学術ランキング2019
1位	ハーバード大学
2位	スタンフォード大学
3位	ケンブリッジ大学
⋮	⋮
25位	東京大学
⋮	⋮
32位	京都大学
⋮	⋮
90位	名古屋大学

※上から「Times Higher Education」
「Quacquarelli Symonds社」
「上海交通大学」の発表より作成
図表4　主な世界大学ランキングの順位

が日本は多く、特に学生数の多い私大はきめの細かな指導ができないと見なされ、相当程度不利となります。外国人教員や留学生の割合に関しては、オーストラリアのように移民に寛容な国の大学は有利となっているという特徴も見られます。

結局のところ、実際の教育・研究水準が客観的に高いか低いかというよりも、いわゆるグローバル化が進んでいるかどうかが、ランキング上位になるかならないかの分かれ道になっているのです。その意味では、世界の大学ランキングはかなり主観的な順位づけと言えるでしょう。実態としては、「グローバル大学ランキング」です。単純に外国人教員や留学生だけを増やしても、真の意味での大学の水準が上がることはないのではないでしょうか。

しかしながら、文部科学省は世界的な大学ランキングの結果を踏まえ、外国人教員の積極的採用による外国人教員比率の向上や、留学生受け入れ数の増加を、ランキング上昇戦略として位置づけています。この結果、JREC-INと呼ばれる研究者人材データベースを見ると、研究職に関する求職・求人情報提供サイトに英語で登録されているものが、日本語による件数の二割近くにまで増えています。また、留学生を呼び込むための手厚い奨学金制度を設けたり、海外に教員が出向いて面接を行ったりする大学も増えています。

グローバルシフトで大学が歪む!?

今の大学は流行に一気呵成《いっきかせい》にシフトしてしまい、全体として教育のバランスが崩れてしまっているのではないでしょうか。拙速なグローバル化への対応で、教育の様々な部分が中途半端になっていると感じるのは私だけではないはずです。

世界大学ランキングの中で、東大や京大などのトップ校ですら順位を下げ、特にグローバル化の面でアジアの大学にも劣っていると指摘され、文部科学省は二〇一二年にグローバル人材育成推進事業を行い、四二の大学を採択して重点的な予算配分を行いました。

二〇一四年には、さらに重点支援を行うスーパーグローバル大学として、三七校を指定して同様に予算の重点的な配分を行っています。これらの大学では、英語教育に重点を置くようになっています。文部科学省の主導で英語教育重視の風潮がもてはやされ、事業採択されなかった大学も基本的に同じ方向に向かって走り出しています。

英語をはじめとする語学教育の特徴の一つに、少人数で実施されるということがあります。このことは大学組織の側からすれば、必要な科目数を提供するために、多くの教員数を確保する必要があるということになります。しかも必修単位数も多くなると、教員の確保に各大学とも必死で取り組むことになります。

一九九〇年代の教養部解体時から、すでに英文学の教員が語学をかけ持ちするケースが増えましたが、常勤の教員数を増やすことは人件費などの面で容易ではないこともあって、ますます非常勤という非正規雇用を数多く生むようになっています。こうなると、大都市部の大学では、むしろ語学教育自体を語学学校に丸投げしたほうが楽、ということになっていくのかもしれません。

職員に関しても、留学などグローバル化に対応するための専任職員を採用するケースが増えていますが、教員と同じく職員総数は簡単に増やせない中で、やりくりに苦労するところも少なくないようです。

人の面だけではありません。大学の予算についても、グローバル化に寄与することに関しては比較的優遇されても、他の分野については締めつけが厳しくなっているという声をよく聞きます。

あくまで参考程度にすべき大学ランキングに、過度な注目が集まったことを契機にして、大学はアンバランスな状況に陥っているのです。

国際競争力とは経営者の愛国心ランキング!?

国に関するランキングには、人口や面積、GDPといった一つの指標だけで比較のできる単純なものもあれば、生計費や国の安全性、国際競争力といった数多くの指標を使っているため、複雑でわかりにくいものもあります。

例えば国際競争力に関しては、ダボス会議を主催する世界経済フォーラムが一九七九年以降、毎年順位を公表しています。ちなみに日本は二〇一四年、二〇一五年とも一四四カ国中六位でした。その後、算定方法が変更され、二〇一八年には五位となっています。

このランキングでは、インフラや教育、市場、技術力などの分野について一定の重みづけを行っていますが、用いているデータの多くは各国の企業の経営者に対するアンケート調査の結果です。そのため、「?」がつくような結果もいくつかあります。

各問とも一番好ましい場合は七点、一番好ましくない場合は一点として点数化され、各回答者の回答については、企業の規模や国の経済への貢献度などに応じてウエイトが補正されています。出典は少し古くなりますが、二〇〇八年の調査では、各国の評価が必ずしも適正とは思えないものがいくつも見られます(図表5)。

例えば、「犯罪や暴力に対するビジネスコストの多寡」を聞く質問で、最もコストが少

順位	国	スコア
1	シリア	6.7
2	アイスランド	6.6
3	フィンランド	6.6
4	ノルウェー	6.6
5	カタール	6.5
6	リビア	6.4
7	香港	6.4
8	デンマーク	6.4
9	シンガポール	6.4
10	ルクセンブルク	6.3
⋮	⋮	⋮
24	アゼルバイジャン	5.8
⋮	⋮	⋮
50	タイ	5.2
⋮	⋮	⋮
53	インド	5.2
⋮	⋮	⋮
56	中国	5.1
57	日本	5.0
58	ベトナム	5.0
59	スペイン	5.0
⋮	⋮	⋮
83	アメリカ	4.4
⋮	⋮	⋮
134	南アフリカ	1.8

※世界経済フォーラム
「国際競争力調査2008」より作成
図表5　犯罪や暴力に対する
ビジネスコストの多寡

ないとされたのがシリアの六・七点で、これはアイスランドやフィンランド、ノルウェーをしのぐものでした。確かにその当時、中近東の中ではシリアは治安がよかったという声もあるようですが、その後は激しい戦闘状態が続き、世界経済が不安定化する要因の一つとなったのはあまりにも有名です。当時は国の弾圧によって治安が守られていたためで、独裁政権が崩壊する前のリビアも六位だったのは、なんとも皮肉な感じではあります。

日本が五点とインドやタイ、中国よりも低いということは、さらに驚きです。同じ五点にはベトナムやスペインが並んでいます。誰がどう考えても、これらの国よりも日本の治安が悪いというのは、おかしな話ではないでしょうか。確かに「体感治安」というものを考えると解釈の余地はあるかもしれませんが、インドやタイ、中国に比べると、人口当たり犯罪件数がはるかに少ないのは事実です。

要するにここでは、インドや中国の会社経営者が、インドや中国の状況をどのように見ているかという指標と、日本の会社経営者が日本の状況をどのように見ているかという指標を、単に比較しているだけなのです。日本の経営者は母国に対する評価が厳しく、インドや中国などはかなり甘めだということでしょう。

このように個別の指標を詳細に調べてみると、疑問に思えるものは他にもあります。結局のところ、ランキングを作る側の価値観に沿ったところほど、高く評価されるというだけのことです。国ごとの評価は簡単にはできないものですので、ランキングの絶対視は禁物です。

「地域の豊かさ」と作成主体の関係

自治体のランキングにも、単純なものもあれば、豊かさや住みやすさといった総合的なものもあります。一九九〇年前後は都道府県の豊かさランキングがブームとなっていましたが、二〇〇〇年以降は市町村、それも都市のランキングが盛んに行われています。

都道府県ランキングに関しては、大都市部を抱えるところが上位を占めるものもあれば、地方、それも北陸地方が上位を占めるものもあります。どのようなデータを使ってどのような手法でランキングを作るかによって、さらに言えばランキングの作り手の考え方次第で、結果も大きく変わります。当時のランキングについて、作成主体と結果との関係を調べてみると興味深いことがわかります。

一九九一年に発表された経済企画庁（現在は内閣府）の「地域別豊かさ総合指標」は、一位が山梨県、次いで長野県、富山県と、明らかに地方に有利で大都市部が不利な結果になっていました。同様に、大垣共立銀行の「住民活力度」や三菱総合研究所の「地域の豊かさランキング」、日経産業消費研究所の「都道府県別暮らしやすさ指標」も、ほぼ同じ傾向にありました。ただ、経済企画庁のランキングに比べると、東京都の順位が一〇位以内となっている点は異なっています。

これに対して、大都市部が圧倒的に有利になっているのは、横浜市にある浜銀総合研究所の「都道府県別くらしやすさ指標」です。東京都、愛知県、神奈川県、大阪府と大都市を抱える都道府県が軒並み上位に並んでいます。横浜銀行が指定金融機関となっている神奈川県のランクが、当時結果を公表していた八つのランキングの中で一番高くなっているのは偶然の一致でしょうか。

このほか、社会開発研究所の「豊かさランキング」や日本開発銀行設備投資研究所の「豊かさの指標」、山陰経済経営研究所の「『ゆとり・豊かさ』の総合指標」も、東京都が一位となるなど、大都市部が上位に並んでいますが、後ろの二つは千葉県や埼玉県の順位が下位になっているなど、浜銀総合研究所のランキングほど大都市部が優遇されているわけではありません。

また、島根県と鳥取県を本拠地としている山陰経済経営研究所のランキングでは、島根県は一三位、鳥取県は六位と高い順位になっています。島根県の順位が一三位より高くなっているランキングもありますが、鳥取県はこれが一番高くなっています。意図的なのか偶然なのか、あるいは忖度《そんたく》があったからなのか、実際のところは不明ですが、ランキングを行った機関の所在都道府県が、結果として上位になっているものが多い傾向にあります。

ただし例外もあって、岐阜県にある大垣共立銀行のランキングでは、岐阜県は二五位、八つのランキングの中では下から二番目でした。これは当時、岐阜県の指定金融機関は大垣共立銀行ではなく、岐阜市に本店を置く十六銀行だったことと何か関係があるのかもしれません。

このように、誰が何のためにランキングを作るのかによって、結果は大きく異なっています。ランキングの結果を参考にする際は、そのようなことも頭の隅に置いて上手に活用すべきでしょう。

地域ブランドとはただの知名度!?

ブランド総合研究所が毎年実施している地域ブランド調査も、様々なところで引用されますが、あまり絶対視しないほうがいいランキング調査です。二〇一五年版の調査によれば、四七都道府県と一〇〇〇市区町村を対象に、インターネットで一団体当たり四五五人から六一七人の回答者を確保しているとしています。

魅力度ランキングでは函館市がトップで、札幌市、京都市、横浜市、小樽市、神戸市、富良野市、鎌倉市、金沢市、軽井沢町と有名な観光地を持つ自治体が名を連ねています。

そもそもインターネット調査であることから、一般的なものとは言いがたい側面がありますが、結果を見ると、上位はともかく五〇位以降などは点数の差もわずかで、一人あるいは二人程度の回答が変われば、順位も変わってしまうようなものです。

基本的には市区町村名を聞くだけで、有名な観光地や特産品をイメージできるところは、上位にランキングされているようです。一位の函館市は観光地として外の人からは魅力的でしょうが、毎年約三〇〇〇人も人口が減り続け、過疎《かそ》地域に指定されているという現実は、ランキング結果には反映されていません。

私が一番驚いたのが、出身地である苫小牧市が魅力度で七六位、観光意欲度（行ってみたい観光地）で七一位と、上位にランキングしていたことでした。もちろん苫小牧市に面白いスポットがないわけではないですが、観光意欲度で伊東市や洞爺湖町などよりも上位というのは、ちょっと考えにくいところです。フェリーの拠点があって、工業地帯があり、新千歳空港に近接しているなど、社会科の教科書的に有名だということで、他の市町村よりも少し評価が高いということなのでしょう。実際には、道内の他の都市に比べると観光地は少なく、教科書などから作り上げられたイメージが先行してしまっているようです。

いずれにしても、地域ブランドなどの地域のイメージに関する調査はこの程度のものだと理解したうえで、結果が良ければ上手に活用し、あまり高い評価でなければ無視してもいいのではないでしょうか。

専門家と顧客、正しいのはどっち?

ランキングの中でも問題が少なくないのが、いわゆる顧客満足度調査といった消費者側の評価をまとめたものです。「お客様は神様」という考えからすれば、このランキングは的確なのでは、と思いそうですが、実は落とし穴があります。

専門家が横断的に評価を下すものと異なり、消費者は自分が経験したことだけを評価しているため、相互に比較して順位を競うことに、どれだけ意味があるのかに疑問符がつくのです。

逆に、専門家が横断的に評価している有名な例として、お米の食味ランキングというものがあります。全国各地の特産米に対して、特AやAといったランクを食味に関してつけているもので、一般財団法人日本穀物検定協会が、一九七一年産米から毎年実施しています。

具体的には、協会が選抜訓練した専門評価員である食味評価エキスパートパネル二〇名により、白飯の「外観・香り・味・粘り・硬さ・総合評価」の六項目について、複数産地コシヒカリのブレンド米を基準米として、これと試験対象産地品種のものを比較評価する相対法により行います。食味の順番による評価の偏りをなくすため、あらかじめ一グループ三～四名の六グループに編成し、グループ別に試食の順序を変えるなど、評価の公正さを保つために細心の注意を払っていることが特徴です。

同様に、日本酒の新酒鑑評会でも清酒の製造や鑑評に詳しい専門家の利き酒によって、金賞や入賞が決められるようになっています。

これは病院のランキングに関しても、同業の医師の評価によるものは基本的には同じと考えてもいいでしょう。一方で、同じ病院のランキングでも、患者による評価の場合はどうとらえるべきでしょうか。直接医者と接しているという意味では確かに患者の声は重要ですが、ほとんどの患者は病院をはしごするということはしません。結局は自分が治療を受けた病院を個々人がどのように評価しているかの合算でしかないので、横断的に病院を評価していることにはならないと考えられます。

「顧客満足度調査」がはらむ大きな問題点

最近では様々なサービスに関する顧客満足度調査というものが、インターネット・アンケートを通じて実施され、中にはその具体的な結果が企業によって売買されているというケースすら見られますが、この調査は問題点が山積しています。

基本的にインターネット調査ゆえの問題があるのは明らかですが、それ以上に特定の企業の評価が大きく損なわれかねない点があるのです。

一般的な顧客満足度調査では、同一人物が横断的に各社の比較をしている場合はほとんどありません。そもそも顧客満足度というのは個人差が大きい事項のため、比較するのであれば、先述したお米や日本酒のように同一人物が検討をしないと意味のある比較とはならないものです。

例えば、新築マンションの購入を考えた場合、三菱地所のマンション購入者（Aさん）と野村不動産のマンション購入者（Bさん）は違う人であり、AさんとBさんという別の人が別々のもの（三菱地所のマンションと野村不動産のマンション）のアフターサービスを評価しても、異なる基準で評価をしていると考えるのがごく自然です。これでは比較しても、客観性に乏しいことになります。

このような評価の手法は様々なところで使われていますが、回答者の質が異なるために横断的に比較する意味はあまりないということになるのです。

また、通常の世論調査などでも、虚偽の回答が含まれる可能性は否定できませんが、このようなインターネット調査の場合、それ以上にその可能性が高くなると考えられます。

調査会社が何らかのメリット（例えば、回答者には商品が購入できるポイントをプレゼントする）を付与することを条件にしている場合には、実際には該当しないにもかかわらず、調査に積極的に参加する者が現れがちです。基本的に自己申告制となっているため、過去にサービスを利用した経験がないのにもかかわらず、サービスを利用したと虚偽の申告をする場合も排除できません。

さらに、インターネット調査の性格上、強い問題意識を持っている者が積極的に参加することが多いため、特定の企業に強い反感を持っている者が、実際のサービスの良し悪しとは関係なく厳しい回答を行うことも起こりえます。

また、ランキング結果は多くの人の関心を呼びますが、ほとんどの人は結果だけに目を向け、どのような手法で行われているかについては無関心で、どこが実施したかということでその結果の客観性を判断する傾向があります。

例えば、いわゆる三流週刊誌の興味本位のランキング結果については、話半分ということにもなるのでしょうが、公共性、公益性の高い団体が実施主体の場合、客観的な調査結果と考える人がほとんどではないでしょうか。このような場合、企業が提供している各種のサービスについて、企業横断的に客観的な比較を行った調査結果だと考える人が大多数となりえます。

たまたまランキング結果が良かった企業からすれば、お金を払ってでもこの結果を広告などに使いたいでしょうが、たまたまランキングが上位ではなかった企業からすれば、企業のイメージを損ね、売上を落とすことにつながりかねません。

顧客満足度調査というのは、そのほとんどが質的に違う回答者同士の評価の比較に過ぎないため、コンビニなどのように多くの人が複数のフランチャイズ店舗のサービスを経験するような場合ならともかく、金額がある程度高くなるようなサービスの場合、企業間の横断的な比較はあまり意味を持たないのです。

むしろ、企業間ではなく、同一企業の中での時系列での比較や項目間の比較を通じて、経年的にどこが改善されたとか、どの項目に弱点があるのかといったことを明らかにするために活用することが望ましく、それが企業の価値や生産性を高めることにつながります。

そうでなければ顧客満足度調査は、ランキング結果が芳《かんば》しくなかった企業の不満を高めるだけのランキングに成り下がってしまうのです。

ランキングのメリットとは？

では、なぜ巷にこれだけランキングが溢れているのでしょうか。それはランキングにとても便利で有益な部分、すなわち光の部分があり、多くの人によって参考とされるからです。それでは、ランキングのメリットとしてどのようなものがあるのか、見てみましょう。

◎優劣が一目でわかる
ランキングの一番のメリットといえば、一つの指標で様々なものを順位づけすることによって、優劣が一目でわかることです。どこの大学が世界的に見て優れているのか、どこの自治体が行政サービスの面で革新的なのか、どこの病院が患者にやさしいのか、誰が一番強いテニスプレーヤーなのか、はたまたどこのレストランが美味《おい》しいのか、といった疑問に答えてくれるのが、ランキングの強みです。

「あのレストランは、この食材と調味料を使って、こうして調理されて、これだけ美味しい」とか、「この大学は、教育や研究はもちろんのこと、グローバルな取り組みを積極的に進めているから、優れている」などと、延々と言葉だけで優劣を論じられるよりも、ランキングによって順位をつけたほうがはるかにわかりやすいのです。

◎多くの情報を持つ第三者が客観的に評価している
個人で集められる情報の量も質も限りがあります。それに対して様々なランキングを実施する機関は、個人に代わって必要な情報をたくさん集めることが可能で、これらの情報を総合的かつ客観的に分析し、評価してくれます。

例えば、余っている資産をどこの企業の債券購入に充《あ》てようかと迷っている投資家にとっては、格付け会社が行うランキングは、とても個人レベルではできないものであるだけに、大いに参考になるものです。

◎多くの人の注目を集められる
ランキングの結果が公表されることで、多くの人の注目を集め、問題意識を共有することも可能となります。例えば、これまで見てきたように、都道府県や市町村ごとの学力テストの結果が公表されれば、それによって子どもの教育に関してこれまでよりも多くの人が関心を示しますし、諸外国に比べて順位が低下傾向にあるという結果が示されれば、教育のあり方について様々な議論を呼ぶことになります。

また、自分たちが住んでいる自治体の行政サービスの水準などが、周辺自治体に比べて低かった場合、改善、改革を求める声が市民や議会などから上がってくることもあるでしょう。
◎企業など組織の改善に結びつけやすい
ランキングは順位づけされる組織に少なからぬ影響を与えるものです。例えば、企業が格付け会社から格付けを下げられると、組織の存続をかけて大胆な改革を進める契機となることもあります。これは自治体や教育機関などでも同様です。

また、ランキングが上がった企業の場合、そのことを対外的にアピールすることで企業のイメージアップなどに結びつけることも可能でしょう。

ランキングのデメリットとは？

ここまでランキングのメリットを挙げてきましたが、むしろデメリットのほうが大きいのが実情ではないかと思われます。

◎結果が独り歩きしやすい

ランキングの問題点として一番に挙げられるのが、結果が独り歩きしやすいということです。ひとたび結果が公表されると、順位が高いところはともかく、低い順位に位置づけられたところには様々な批判が寄せられてしまいます。

結果が悪かった場合には、なぜそうなってしまったのか、使われたデータやランキングの手法をしっかりと分析することが必要となりますが、結果が独り歩きしてしまうと、どうしてランキングが低くなってしまったのかと犯人捜しに終始してしまうことすら起きてしまうので、注意が必要です。

◎必ずしも客観的な評価とは限らない

ランキングの結果が客観的な評価に基づくものであるならば甘受すべきですが、実際に様々なランキングを分析してみると、客観的なものばかりとは言えません。そもそも客観的なランキングなど存在しないと言ってもいいのかもしれません。

すべてのランキングには評価する側の視点が加えられているので、絶対正しいランキングというのは論理矛盾でしょう。もちろん多くのランキング作成者は、できるだけ客観性の高い評価を行おうと腐心しているはずですが、実際のランキング結果を見ると、そのような努力が必ずしも実っていないものが多いようです。

また残念ながら、恣意《しい》的なランキングというのも少なからずあります。実際、雑誌やネットの記事で取り上げられているランキングの中には、いい加減なデータで、結論ありきのようなものが相当数あります。このような恣意的なランキングの存在が、結果としてランキング全体に対する信頼性を損ねているのは大変由々しきことです。

◎データの信ぴょう性が疑わしいケースが少なくない

ランキングの基礎となる個別のデータの信ぴょう性が疑わしいケースもあるので、これも要注意です。具体的には、無作為抽出ではない人気投票的なアンケート調査を、あたかも世論調査のように扱ってランキングのデータとして用いていたり、先述した国際競争力ランキングや顧客満足度調査のように、比べること自体が疑問視されたりするケースも少なくありません。個別のデータの信ぴょう性が疑われるようでは、その総体としてのランキングの信ぴょう性も危ういものがあります。

◎やり方次第でランキング結果が大きく変わる
さらに、ランキングを作成する手法に関して言えば、総合化する場合、数十、場合によっては一〇〇を超えるデータの結果を一つにまとめるわけで、一つひとつのデータの重みづけを変えることによっても、結果が異なることもありえます。単純平均であればどのデータも同等に位置づけることになり、加重平均であればデータによって重要度が異なることになります。人口当たりで比較したデータを面積当たりで比べると、全く異なった結果となることもあります。

経済企画庁の都道府県ランキングで四六位に低迷した埼玉県では、当時の土屋《つちや》義彦《よしひこ》知事がこの結果に納得せずに、職員に指示して独自のランキングを作成し、実際には豊かな地域であるとアピールしたことがありました。このように用いるデータや手法を変えることでランキング結果が大きく変わることもあるのです。

ランキング結果はどのように眺めるべきか？

それでは、我々はどのようにランキングを眺《なが》めるべきか、ランキングをされる組織はどう対処すべきか、さらにランキングの作成者には何が求められるかについて、考えてみましょう。

まず、一般市民の立場からは、ランキングの結果をどのように眺めるべきでしょうか。専門家でもない限り、しっかりとランキングの中身を見定め、その妥当性を評価することは困難です。だからこそ、ランキングの結果を次のように眺めてみてはどうでしょうか。

ランキングの結果というのは、ランキングをする側の考え方に沿って、組織やモノ（企業や国、自治体、大学、病院、レストラン、観光地など）を格付けし、順位づけするものであって、これまで見てきたように、評価方法や採用するデータを変えたりすれば、結果もおのずと変わるものです。まずはこの点を押さえておくことが大切です。

もし、他にもランキングがあるのなら、それらを見比べることも重要です。見比べてみると、ランキングの結果が似通っていることもあるでしょうし、全く異なっていることもあるかもしれません。比べることで、ランキングというのはこの程度のものだという、いわば相場観が身についていくと思います。

さらに言えば、ランキングの順位だけですべてを決めつけてしまうのは、とても危険なことだと認識すべきです。あくまでもランキングの結果は一つの参考に留め、その他の情報も活用して、最後はやはり自分自身で評価するように心がけるべきです。

しっかりしたランキングは、その手法や用いたデータなどを比較的詳しく記してあるものです。逆にいい加減なランキングほど、後ろめたいのかそのような情報を出し惜しみしやすい傾向にあります。この点は、ランキングの質を評価する一つの物差しともなります。他の人が検証可能なランキングは、ある程度その結果に自信を持っているものですし、逆に情報を公開しないこと自体が、結果の妥当性に自信が持てていないことの表れです。

不本意にランキングされた場合の対処法

それでは企業や国、自治体、大学、病院、レストランといったランキングされる側は、どう対処すべきでしょうか。そこにはやはり、冷静沈着な対応が求められます。

まずは結果に一喜一憂《いっきいちゆう》するのではなく、ランキングの手法などを冷静に分析すべきです。自分の組織のランキングが高ければ喜ぶでしょうし、また低ければ怒りや戸惑いの気持ちに襲われるでしょう。しかし、その前にやらなければいけないのは、ランキングがどのような手法で作成され、どのようなデータが用いられているのかを、しっかりと分析することです。まともなランキングかそうでないかということを見極め、次の行動に移すのです。

ランキングの結果が良かった場合は、それをうまく活用すべきです。この点はすでに多くの企業で行われていることであり、今さら言うことでもないでしょうが、ランキングが上位であれば、その結果をパンフレットやＨＰに載せるなど、広報して組織のイメージアップに使えばいいでしょう。ただし、ランキングの手法などが危ういものだった場合は、別のランキングで全く異なる評価を受ける危険性もあるので、はしゃいで宣伝し過ぎないほうがいいでしょう。

ランキングの結果が悪かった場合、取るべき道は二つに分かれます。一つはランキングの妥当性がそれなりのものだった場合で、厳粛に受け止めつつ組織の問題点を明らかにし、課題解決のための道筋を考えるのがベストでしょう。

逆に、ランキングの手法などに問題があると判断された場合は、躊躇《ちゅうちょ》せずに法的手段も辞さない態度が、ランキングの質向上のためにも望まれるところです。実際にランキングによるトラブルで訴訟にまで発展したケースもあります。この点については一般企業だけでなく、病院や大学、さらには国や自治体であっても、必要とあればそのような強い態度で臨むべきではないでしょうか。

求められるランキング作成者の品格

ランキングすること自体が一つの商売でもあるわけですから、利益を求めることは否定しませんが、世間に溢れるランキングの質を高めていくためには、やはりランキングを作成する側の品格が求められます。

世の中に出回っているランキングを見渡してみると、何のために行っているランキングなのかすら不明なものも少なくありません。これはランキングされる側からすれば、たまったものではないです。場合によっては、企業は倒産し、自治体では首長が選挙で敗れ、シェフはクビになってしまうかもしれません。大げさでなくこれらは実際に起こっていることです。

何のためにランキングを行うのか、順位づけすることでどのような課題を明らかにしようとしているのか、そういった点をまず明らかにしてからランキングに着手すべきで、無責任なランキングの粗製乱造は慎むべきです。

企業秘密、あるいは独自のノウハウということで、ランキングに関する情報は必ずしも十分に開示されているとは言いがたい状況にあります。しかし、ランキングの多くはランキングされる側の情報提供を基に作成するのですから、その結果が一般に公開され、様々な影響を与えるものであれば、手法やデータに関しては極力開示すべきではないでしょうか。

確かにランキング作成に当たっては、作成者も多額の経費をかけていることが多く、手法に関しては独特なものもあることから、情報開示に消極的になる場合もあるかもしれません。しかし、透明性の低いランキングは、それだけでランキングの質が低いという評価を受けてしまう可能性も高いのです。そうならないためにも、積極的な情報開示が望まれるところです。

また、評価する側とされる側は一定の距離を置くべきです。どうしても評価される側からお金をもらって評価するとなると、知らず知らずのうちに手心を加えてしまうことも起こりえます。これに対しては、格付け会社と企業との間に何らかの第三者機関を入れて、直接企業からお金をもらうのではなく、第三者機関にプールしておくといった手法も考えられます。これは企業と監査法人との関係でも、同様のことが言えるでしょう。いずれにしても、お手盛りの評価にならないような仕組み作りが必要です。

私の実体験としても、作成者の品格に疑問を持ったことはあります。自治体や大学に対して、多くの調査をシンクタンクなどが依頼してきます。こうした場合、基本的には無償で情報提供してあげるので、本来は調査結果の概要だけでも回答相手には送付すべきと思うのですが、たいていは何も知らされません。知るためには後日、書籍のような有料でしか入手できないものを、自ら手に入れるしかありません。

最近では大手新聞社によって大学ランキングが作成され、調査協力を求められることもあります。しかし、新聞紙面には、広告めいた結果のエッセンスが掲載されるだけで、詳細については関連する出版社が刊行する本を読んでくださいといった形になっているのは、調査に協力した大学関係者としては、なんともやるせないものがあります。

第三章　「うまい話」には裏がある

税理士の平均年収は三〇〇〇万円!?

言葉の定義がとても重要であるように、データの定義も実は疎《おろそ》かにしてはならないものです。例えば法律では多くの場合、第一条に法律の主旨や目的が書かれ、第二条にその法律に重要な用語の定義が書かれています。

法律の場合は用語の定義を厳密に定めておかなければ、後で関係者間での行き違いなど様々な不都合が生じるのは容易に想像がつきますが、実はデータにも同じことが言えるのです。データが意味するところをちゃんと確認しておかないと、後で痛い目にあうこともあります。


「税理士の平均収入三〇〇八万円！」

二〇〇三年ごろに、大原簿記学校が大学の掲示板などに掲げたこのポスターの見出しは、あまりにも刺激的なものでした。

これを税理士の平均年収が三〇〇〇万円と解釈するのは間違いです。我々が勝手に収入＝個人の給与所得と思い込んでしまうのも悪いのかもしれませんが、むしろそのように思い込ませようとした一種の釣り広告と言ったほうが妥当でしょう。このデータの問題点は、次の通りです。
◎引用された日本税理士会連合会が行った調査は一九九四年に実施されたもので、収入は九二年ないし九三年というバブル期の影響を受けている時期のものであること。
◎対象が開業一〇年以上の税理士に限られ、新人などは一切対象にしていないこと。
◎事務所単位の収入であり、会計法人なども含まれていること。
◎収入はあくまで事務所全体の額で、事務所の維持費など支出される分も含まれていること。

開業してから一〇年以上のところだけが対象で、個人ではなく事務所単位の金額、しかも諸経費込みの収入ということになれば、誇大広告のそしりは免れないでしょう。

このようなデータは、その後も誤った解釈の下に繰り返し使われ、流布してしまっています。例えば、二〇一九年三月に二八歳の女性に覚醒剤入りのお酒を飲ませて殺害した容疑者が、不動産業を営む税理士だったという報道を受け、ネット上では「開業税理士の平均年収は三〇〇〇万円前後というデータがある」という書き込みが見られました。誤ったイメージを結果として流し続けたという意味では、大原簿記学校も、元の調査結果を公表した日本税理士会連合会も、責任は決して小さくないです。

様々なデータを見てみると、実際には一〇〇〇万円いくかどうかというのが、税理士給与の相場のようです。このような誤解を与えかねないデータは依然として絶えません。「平均年収二五〇〇万円の農村」として長野県川上村が一躍注目を集めたことがありましたが、これも「税理士の平均収入三〇〇八万円」と似たようなカラクリです。さすがに農業経験一〇年以上といった制約はないようですが、川上村の二五〇〇万円も、あくまで収入＝売上であって所得ではありません。農業では種苗や機械の購入費、燃料代など様々な経費がかかるので、これらを差し引いた額が実際の所得ということになりますが、税に関する個人情報でもあるため、実際の内訳ははっきりしません。

ただし、川上村の農家の収入が、一般的な農家のそれよりは多いことは間違いないでしょう。農林中金総合研究所が発行する「農林金融」（二〇一三年一一月号）の記事（清水徹朗「農業所得・農家経済と農業経営」）によれば、生産農業所得を農業総産出額で割った農業所得率は近年低下し、二〇一一年には33・7％にまで低下しているとしています。この率を二五〇〇万円に単純に掛けると、八四三万円となります。二〇一〇年の農業所得が全国平均で一一二万円に留まっていることと比べれば、川上村の農家はレタス栽培などで相当程度潤《うるお》っていることは間違いありません。

いずれにしても、「収入」というデータの定義はあくまで入ってきた金額のトータルであって、開業税理士や農家といった自営業とサラリーマンでは事情が全く異なるものです。このあたりを混同してしまうと、過大評価に陥ってしまうので注意が必要です。

ロースクール・バブルはこうして起こった！

二〇〇〇年代の大学改革の中で混乱をもたらしたものの一つに、ロースクール（法科大学院）の設置があります。これは司法制度改革の一環として行われた、弁護士などの法曹人口拡大の要請にともなって作られたものです。アメリカの制度などを参考にして、大学院で二年または三年学んだ後に司法試験を受験するもので、当初は試験の合格率は80％程度と見込まれていました。

日本で最難関の資格試験とされる司法試験は、合格率がおおむね1％台から2％台で、司法試験予備校に行かないとなかなか合格できないことについて、各方面から弊害が指摘されていました。また、欧米に比べると人口当たりの弁護士数が大幅に少ないことも問題視されました。日本はアメリカの約二〇分の一、イギリスやドイツの約九分の一、フランスに対しても約四分の一という少なさでした。

昭和の時代には合格者数が五〇〇人前後だったものを、二〇一〇年ごろには三〇〇〇人程度まで増やすことを目指して、鳴り物入りでスタートしたのが二〇〇四年のことです。

大学側も時代の流れに乗り遅れるなとばかりに、法学部がある大学はもちろんのこと、法学部がない大学でも大学院の設置が進み、結局七四校のロースクールが誕生しました。国も規制緩和が叫ばれる中で厳しい審査をすることなく、基準を満たせばすべて認可するという方針で臨んでいたのです。

当初はロースクールを志願する人が延べ七万人を超え、その後も四万人前後で推移していました。しかし、80％程度と見込まれた司法試験の合格率は、新しい司法試験となった二〇〇六年時点ですでに50％を切り、その後も下がり続けて20％台の前半で低迷するようになってしまいました。これはロースクールでの教え方の問題なのか、あるいは学生の質の問題なのか、議論は分かれるところかもしれませんが、卒業後五年以内で三回落ちたら受験資格を失うという厳しい要件も足かせとなって、ロースクール人気はがた落ちしました。

当初は、夢だった弁護士になれるのではと多くの社会人が仕事を辞め、なけなしの貯蓄を取り崩してロースクールの門を叩きましたが、元々大学の法学部などで教鞭《きょうべん》をとっていた研究者教員の多くは、法律の解釈に関しては詳しくても、司法試験に合格させるための知識やスキルを身につけさせるという指導には必ずしも長《た》けてはいません。

私自身も法学部に一七年間勤めていたのでその実態はよくわかっていますが、実は法学部の教員で司法試験に合格している人は少数派なのです。最初から研究者志望で司法試験を受けなかったという人もいますし、司法試験に合格することなく大学の教員になった人も少なからずいます。研究者教員でも学生の指導に長けている人はいるでしょうが、試験対策という側面からすれば、学生のニーズに合致していたとは言いがたいのです。

司法試験予備校が受験生に重宝されていたのには、ちゃんと理由があったのです。もちろん、ロースクールでは弁護士や現職の裁判官、検察官など実務家教員も配属されているので、このような経験者は学生にとって頼りがいのある存在であったことは間違いないですが、七四校も乱立したロースクールの中には、残念ながらLow school（レベルの低い学校）という実態のところも少なくなかったでしょう。

自分の人生をかけてロースクールに進学した社会人で、試験に合格しなかった人の少なからずが、金を返せ、人生を返せ、と叫んでいるかもしれません。

相次ぐ撤退と弁護士の飽和

制度発足の二〇〇四年度には七万人を超えていた志願者も、二〇一二年には二万人を切り、二〇一六年には一万人を切るという極端な右肩下がりの状況が続きました。その結果、合格率の低いロースクールは学生も集まらなくなり、相次いで廃校となりました。姫路獨協大学のロースクールでは、二〇一〇年度の入学試験で合格者が一人もいなかったことが明らかになり、二〇一一年度以降の学生募集を停止し、国内初となるロースクールの廃止を決めました。

その後もロースクールは続々と撤退を表明し、国公立大学では島根大学が最初に募集停止となり、七四校のうち、二〇一九年時点で学生の募集を行っているのは半分以下の三六校です。さらに、甲南大学では二〇二〇年度から学生の募集を停止することになっているので、ついに三五校にまで減ってしまうことになります。

制度発足からわずか一五年で半分以上の学校が潰《つぶ》れるというのは、前代未聞のことではないでしょうか。当然のことながら国公立だけでなく、私学でも多くの税金が投入され、校舎を建設したり、数多くの教員を採用したりしたわけです。

大学によっては、累積赤字が二〇億円に達したところもあります。ロースクールが不良債権と化してしまったわけです。これでは撤退の圧力が、大学の内外から当然のように湧《わ》き起こってしまいます。

ロースクールが発足したころには二万人ほどだった弁護士数も、今では四万人を超えるにいたりました。しかし、大量に弁護士が生まれたにもかかわらず、訴訟件数はほとんど変わらず、弁護士の世界も二極分化してしまっています。

一般的には、弁護士は正義の味方という側面とともに、収入が高く生活が安定しているというイメージがあるでしょう。確かに大企業の顧問弁護士などはそうかもしれませんが、一方で生活が苦しい弁護士の存在もメディアによって明らかにされています。報酬があまり多くない国選弁護人のポストを求めて、行列ができるという都市伝説まがいの噂《うわさ》まで流布しているくらいです。

それ以外にも、弁護士による犯罪、特に依頼人を騙して金品を横領するような事件が相次いで報じられたこともあって、弁護士という職に対する評価が以前よりも低くなったと言っても過言ではないかもしれません。

このような弁護士の社会的な存在価値の低下もあって、弁護士になりたいと考える学生の数は大幅に減少しています。ロースクールに入ればすべての学生が合格できるわけではなく、予備試験というロースクールを経ないバイパスのような制度に優秀な学生が数多く流れ込んでいるということも、ロースクールの不人気に拍車をかけました。

このことは大学の法学部にも少なからず影響を及ぼしています。本来、法学部を卒業しても、司法試験に臨む学生は一部で、多くは民間企業や公務員を志望しています。しかし、ロースクールの不人気はその前段に位置づけられる法学部全体の評価を下げることとなり、入学志願者も減少しています。また、ロースクールに多くの教員を奪われ、結果として十分な法学教育が行われない大学も出てきています。

すべては「法曹人口」の見誤りから

それでは、何を見誤ったのでしょうか。何を無視してロースクール・バブルに突入してしまったのでしょうか。

ロースクールや裁判員制度などの導入に向けた推進役の一つに、司法制度改革審議会というものがあります。二〇〇一年に出された「司法制度改革審議会意見書――21世紀の日本を支える司法制度――」では、法曹人口の大幅な増加が必要であるとしていて、その中で「法曹一人あたりの国民の数が、日本では約六三〇〇人なのに対して、アメリカは約二九〇人、イギリスは約七一〇人、ドイツは約七四〇人、フランスは約一六四〇人と圧倒的に日本の法曹人口の不足があるとして、今後需要が量的にも質的にも拡大することが予想されるので、増加に直ちに着手すべき」としています。

確かにこのデータを見る限り、アメリカはもちろんのこと、ヨーロッパの主要国と比べても日本の法曹関係者の負担は大きく、増員しないと大変なことになると考えた人は少なくなかったでしょう。当時からこの分析に異議を唱える人はいたのですが、必ずしも大きな声にはならず、改革は断行されていったのです。結局のところ、弁護士は少な過ぎるという思い込みが政策の失敗を招いたのです。

私自身も、拙著『政策形成の基礎知識』（第一法規、二〇〇四）で、法曹人口を一気に増やして本当に需要があるのか、これほどまで多くのロースクールを設置して教育の質や学生の質が確保できるのか、問題提起をしました。

弁護士会や大学教員の側は、弁護士数を増やすこと、すなわち供給を増やせば需要は増すだろうと安易に考えていましたが、実際には国民の側の法曹に対する需要というものは思ったように増えなかったのです。何よりの問題は、法曹に対する国民感情の違いはもちろんのこと、各国の弁護士の役割の違いや、弁護士に類似する資格の有無について、きちんと考慮せずに法曹人口が大幅に足りないと煽ったことだったと考えます。

すぐに弁護士を呼ぶ場面は、アメリカのドラマなどではおなじみですが、日本の場合だと、そこまで弁護士に頼らないという国民性があり、これはそう簡単に変わらないでしょう。それとともに、それぞれの国の弁護士の位置づけが異なることや、日本では特に隣接士業と呼ばれる弁護士以外の法律家が多数いるということを無視して議論を進めたことが、ロースクール・バブルの崩壊につながったと考えられます。

国ごとに見ると、アメリカの弁護士の中には日本における弁護士業務ではなく、税理士のような業務を専門とする人も多いとされています。イギリスでは弁護士は Barrister（法廷弁護士）と Solicitor（事務弁護士）に分かれていて、法廷に立つのは法廷弁護士で、事務弁護士は日本の司法書士や行政書士のような仕事に従事しているとされています。

要するに、国によって弁護士の仕事は異なるのです。それにもかかわらず法曹人口を弁護士と裁判官、検察官だけに限定して比較すれば、日本が見かけ上法曹人口が足りないとなるのは明らかです。実際、弁理士、税理士、司法書士、行政書士を加えて比較すれば、二〇〇一年当時でもフランスよりは充足していました。この四つの士業に弁護士を加えた弁護士等一人当たりの国民数を見ると、二〇一八年にはフランスが一〇二四人、日本が六四〇人、ドイツが四九九人、イギリスが三九六人、アメリカが二六〇人となっています。アメリカは別としても、諸外国と大幅に違うとまでは言い切れないでしょう。

もしかすると弁護士の多くは、隣接士業と呼ばれる資格の人たちとは違うという一種の特権意識を持っているのかもしれません。そのようなプライドを持つこと自体はとやかく言うべきではないかもしれませんが、国の政策を議論する際に客観性の乏しいデータで弁護士不足を声高に叫んだ結果、どのような事態を招いたのかということについて、国の関係省庁（法務省、文部科学省）だけでなく、弁護士会も猛省する必要はあるのではないでしょうか。

「若者はなぜ三年で辞めるのか？」は本当か？

大学生やその親にとって、就職は在学中の最大の関心事でしょう。人気企業ランキングといったものが毎年いくつかの調査機関で発表され、学生だけでなく、企業の側も高い関心を示します。これらは一部の学生を対象としたインターネット・アンケートで行われる場合がほとんどで、これまで触れたように、インターネットによる調査に共通する偏りなどがあることに留意する必要があります。そもそも学生はすべての企業を調べているわけでもなく、一部の、それも知名度のあるところを回答しがちです。

同じく就職に関するデータとして、大卒の新入社員が三年以内に三割程度離職しているというものがあります。

三年三割離職という話は、城繁幸氏が書いた『若者はなぜ3年で辞めるのか？——年功序列が奪う日本の未来』（光文社新書、二〇〇六）などの著作によって、大きく注目を集めたものです。

当時この本を読んで、私もやはり最近の若者の離職率は高くなっているんだ、若者にこらえ性がなくなってきたんだと感じ、そのように思い込んでいました。私が大学教員になったのは二〇〇一年のことで、当時は就職氷河期と言われる厳しい状況にありました。就職に多くの大学生が悪戦苦闘し、ようやく就職が決まっても自分の希望と違う業種だったり、待遇面が想像とは大違いだったりで、就職後ほどなくして転職したり、公務員を目指したりする卒業生を何人も見ていました。

そのような学生の状況を目の当たりにしてきただけに、城氏らの主張は合点がいくことも多く、データとその分析についても私自身、鵜呑みにしていたところがあります。

識者の中にも若者論を語る際の根拠に使う人も少なくありませんでした。以前に比べて若者はこらえ性がなくなっていて、若者の離職率が高くなり、ついに日本の終身雇用制が崩れてしまったと論ずる人や、ゆとり教育に原因を求める人もいました。

しかし、実際に調べてみると、これは思い込みが強過ぎたと気づかされたのでした。やはり、データ・リテラシーの観点からは、データを注意深く検証せずに一面的に判断して、結果を安易に信じるようなことは避けるべきなのです。

まずはこのデータの出所を調べる必要がありますが、厚生労働省が調査しているもので、「新規学校卒業就職者の在職期間別離職状況」と言います。この調査では、一九八七年以降の新卒者がすべて網羅《もうら》されています。これを見ると意外とも思える事実が明らかになるのです。

実は三年三割離職というのは、ここ十数年で始まった話ではないのです。雇用状況の良い時代、悪い時代によって若干の差異はありますが、実は以前からこの状況はあまり変わっていません（図表6）。

例えば、一九八七年三月に大学を卒業した人の三年以内の離職率は、28・4％。

二〇一五年三月卒では31・8%。三ポイント程度高いとはいえ、大差ないと言えるのではないでしょうか。また、確かにバブル景気のころの離職率は低くなっていますが、それでも25%前後、つまり四人に一人は三年以内で離職していたことになります。

その後、バブルが崩壊し、就職氷河期の時代を迎えると離職率は高くなり、二〇〇四年三月卒の36・6%がピークとなりますが、二〇一〇年以降は32%前後で横ばいとなっています。

また、一年以内の離職率と比べると、二年目、三年目での離職率はあまり年ごとに大きな開きとはなっていません。一方、一年以内の離職率では顕著な違いが見られ、二〇〇〇年三月卒から二〇〇五年三月卒までは15%以上となっていますが、バブル景気のころの一九九一年三月卒から一九九三年三月卒までは10%を切っています。二〇一六年三月卒では11・4%で、これは一九八八年三月卒と同じ値となっています。

このように、二〇一〇年以降の新卒者の離職率は決して高いわけではないのです。三〇年以上前から三年三割離職というのは、景気の影響などで多少上下するとはいえ、延々と続いてきた事象です。それにもかかわらず、思い込みで「最近の若い者は!」と批判するのはとんだお門違いです。

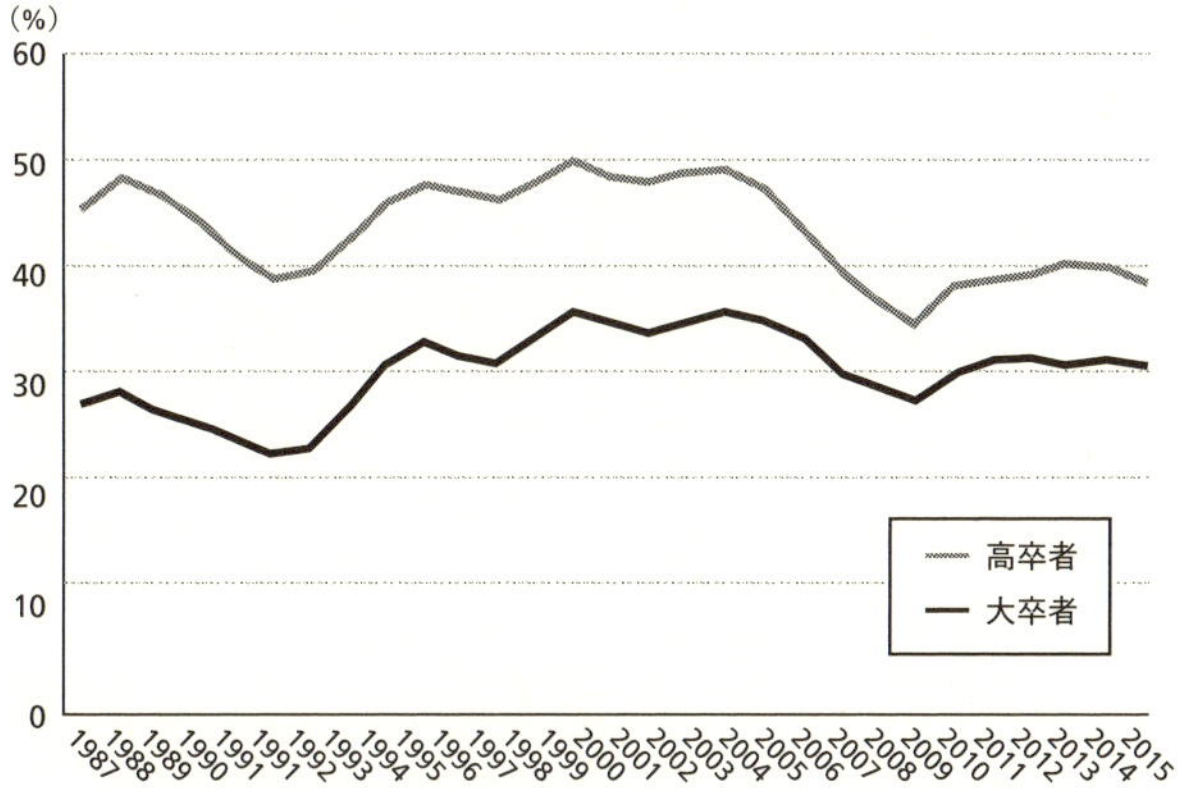

※厚生労働省「新規学校卒業就職者の在職期間別離職状況」を基に作成
図表6　大卒者・高卒者の3年以内離職率の推移

ちなみに城氏の著書では、最も離職率が低かった一九九二年の23・7％と、ピークに近かった二〇〇五年の35・9％を比べています。離職率が上がっていたのは間違いではないとはいえ、比較する期間が短かったと考えられます。一定期間だけを切り取った結果、センセーショナルな結論を導いてしまったのです。

特にその一〇年余りは、バブル崩壊から就職氷河期へと日本経済が激動を迎えた時期でした。あまり短い期間の比較だけで若者論を語るのは、結果として現実の姿とは異なるイメージを生みかねません。

高卒の新卒者に目を転じると、さらに意外なことに気づきます。図表6に示したように、一九八八年三月卒で離職率が48・7％、その後は率が下がり続け、バブル景気のころは40％前後となります。就職氷河期には50％前後まで高まりますが、二〇一〇年以降は再び40％前後とバブル期並みに下がってきます。むしろ近年では高卒の離職率は低くなっているということなのです。

三年三割離職に衝撃を受ける人は、規模が大きかったり、雇用環境が安定的な分野の企業関係者ではないでしょうか。実際、一〇〇〇人以上の事業所では、二〇〇七年以降は25％以下となっていますが、一〇〇人未満の事業所では、40％台後半と高い水準になっています。また分野別では、製造業が20％以下で、二〇〇四年には34・4％と高かった金融・保険業も、二〇〇七年以降は20％前後に収まっています。一方、宿泊業、飲食サービス業は不規則な勤務形態などもあってか、おおむね50％前後で推移していますし、医療、福祉も40％近くになっています。

よく「大学の就職予備校化」といった言葉で大学のあり方が批判にさらされますが、確かに私の実感としても、いわゆる「キャリア教育」に一年生の早い段階から過度に注力し過ぎている印象はあります。勉学が本分であるはずの大学生が、「就職」ばかりに気を取られて四年間を過ごしてしまう、あるいは大学側が偏った「キャリア教育」というサービスを提供してしまう背景には、こうした「思い込み」が潜んでいるのかもしれません。

なぜ山梨県は自殺率が日本一なのか？

一時は年間の死亡者数が三万人を超えるなど、自殺は深刻な社会問題となっています。近年、自殺対策が積極的に講じられるようになったこともあって、その数は減少傾向にありますが、一方で地域的な偏在も指摘されています。都道府県ごとに見ると、二〇一三年、二〇一四年ともに、人口当たりの自殺者数が最も多いのは山梨県とされていました。

研究者の中には、自殺と天候、特に日照時間との相関を指摘する人もいます。秋田県や新潟県など日本海側の県が上位になっていることで、納得する向きも少なくないでしょう。

しかし、山梨県は年間日照時間が全国トップクラスに長いことでも知られているだけに、なぜ自殺率が日本一なのか不思議でしょうし、山梨県に何か特殊要因があるのではないかと考えるのは当然のところではあります。

人口一〇万人当たりの自殺者数、すなわち自殺死亡率の全国平均は、二〇一三年が二一・四、二〇一四年が二〇・〇となっていますが、山梨県についてはそれぞれ三〇・一、二九・八と大幅に上回っています。

実は紹介したデータは、警察庁の自殺統計によるもので、自殺者については発見地でカウントされているのです。つまり、山梨県で自殺した人のすべてが山梨県民というわけではないということです。これは属地主義とも言われる考え方で、捜査を行う機関である警察の立場からすれば当然と言えるでしょう。

こう言えば、勘のいい人はすでに気づいているでしょう。そう、山梨県には自殺の名所と化してしまった青木ヶ原の樹海があるのです。ほとんどの都道府県では住所地と発見地別の自殺者数はあまり変わらないのに対して、山梨県の場合は発見地別のデータが住所地別のデータの四割以上多くなっているのです。

実は自殺者に関する統計は他にもあります。厚生労働省が発表している人口動態統計では、発見地別ではなく住所地別のデータを使っています。こちらは属人主義ということになります。両者の違いを二〇一四年のデータで比べたのが図表7です。

上位と下位の都道府県を並べたもので、山梨県は人口動態統計では六位に下がっています。また、神奈川県、大阪府といった大都市部を抱える地域は、人口動態統計のほうが順位は上位となっています。つまり、地方で自殺する都市住民が、少なからずいるということなのです。

警察庁の自殺統計で属地主義のデータを採用しているのは、住所地別を使うと身元不明の自殺者が対象から漏れてしまうことが、警察当局にとっては看過できないのでしょう。

警察統計			人口動態統計		
順位	都道府県	自殺死亡率	順位	都道府県	自殺死亡率
1	山梨県	29.8	1	岩手県	26.6
2	岩手県	28.5	2	秋田県	26.0
3	秋田県	25.9	3	宮崎県	23.9
3	新潟県	25.9	4	新潟県	23.5
5	富山県	24.4	5	富山県	22.8
	⋮		6	山梨県	22.0
				⋮	
全国平均		20.0	全国平均		19.5
	⋮			⋮	
			41	神奈川県	17.3
42	奈良県	17.8	41	三重県	17.3
42	香川県	17.8	41	和歌山県	17.3
44	石川県	17.1	44	福井県	17.1
45	岡山県	16.8	44	奈良県	17.1
46	神奈川県	15.6	46	岡山県	17.0
46	大阪府	15.6	46	佐賀県	17.0

※警察庁「自殺統計」／厚生労働省「人口動態統計」を基に作成
図表7　2014年の都道府県別自殺死亡率　警察統計と人口動態統計の違い

自殺統計では外国人も対象としているのに対して、人口動態統計では日本人だけを対象としているので、全体の平均も警察庁のほうが大きくなっています。

同様のことは、人口に関する統計（国勢調査と住民基本台帳登録人口など）にも言えることです。国勢調査については、実際には住所地に住んでいない外国人の漏れが多いことや、近年のプライバシー意識の高まりの中で回答拒否者が増えていること、住民基本台帳登録人口については、住民票を移していない大学生などが元の住所でカウントされていることなどに留意しないと、データの実態を見誤ることにもなりかねません。

このように、データの定義やさらにはデー

タの癖ともいうべき点を踏まえないままに分析を進めてしまうと、まさにデータの罠に陥ってしまいかねないので注意が必要です。

横浜市の待機児童ゼロ達成は本当か？

二〇一三年、横浜市が待機児童ゼロを達成したことが大きなニュースとなりました。その三年前には全国一待機児童数が多かったのが、認可保育所の新設や、認可外の保育施設を紹介する保育コンシェルジュ制度などを進めた結果とされています。このことについて、日本経済新聞では次のように報じています。

横浜市は共働き家庭の急増で待機児童が膨らみ、04年には1190人と全国の市町村で最多を記録。10年には再び、過去最多の1552人になったため「10年から3年間でゼロ」とする目標を掲げていた。横浜市は、未利用の公有地や鉄道の高架下などを活用して保育所の用地を確保し、民間企業の参入を促進。10～12年度に認可保育所を144カ所増やした。さらに、希望者の通勤経路や住所地などを把握し、定員に空きのある近場の保育所などを紹介する保育コンシェルジュ制度を設置するなどして待機児童の解消を進めた。4月時点で希望通りの認可保育所に入れなかった児童が1746人いたものの、主に0~2歳児を対象にした横浜保育室や、NPOなどに委託する家庭的保育を紹介して対応した。

(「日本経済新聞」二〇一三年五月二〇日付より)


記事からもわかるように、横浜市では企業やNPOなど様々な機関と連携して、ようやく待機児童ゼロを達成したわけではありますが、翌年には再び待機児童が生じたように、この問題の解決は決して容易なものではありません。毎年のようにマスコミが待機児童数が多い自治体名を大々的に公表することもあって、大都市の首長は待機児童の問題に敏感です。京都市や名古屋市などでも待機児童ゼロを達成する一方で、世田谷区では二〇一七年ごろまで一〇〇〇人を超えるなど、状況は様々です。

全国的に見ると子どもの数は減り続けているのに、待機児童の問題がこれだけクローズアップされるのは、共働き世帯の増加や大都市部への子育て世代の集中など、様々な要因が複雑に絡まっているからです。

そもそも、厚生労働省(当時は厚生省)が待機児童数を公表したのは、一九九五年のことで、当時は認可保育所に入れない児童数でしたが、二〇〇三年度に待機児童数の定義を変更し、認可保育所に入れなくても自治体独自の保育事業を利用したり、幼稚園の一時保育を利用したりした場合には、待機児童にカウントされないこととなりました。

また、保護者が育休中の場合は、自治体がカウントするかしないかを判断することとなりました。他に入所可能な保育所があるにもかかわらず、第一希望の保育所に入所するために待機している児童も待機児童にはカウントされません。

つまり、以前の定義であれば、二〇一三年の横浜市は待機児童ゼロとはならないのです。このようないわゆる隠れ待機児童数は、全国で一万人以上いるとも指摘されています（「産経新聞」二〇一五年七月二二日付より）。

待機児童を狭く定義すべきか、広く定義すべきか、考え方は人によって異なります。

待機児童問題に悩む都市自治体の中には、中長期的には子どもの数が減っていくにもかかわらず、新たに認可保育所を建設するのは過大な財政負担になりかねないという意見も多くあります。保育所が近所に作られることで騒音が酷くなるとして、反対する住民も少なくありません。

逆に、地方の保育所の中には、子どもの数の減少で閉鎖せざるをえないところも多いのが現状です。認可外保育所の内容は千差万別で、すべてが問題なわけではありませんが、事故やトラブルが一定数報じられるだけに、認可保育所に入れたいという保護者の声も無視できません。

いずれにしても、今の定義に基づく待機児童数だけでなく、過去の定義に基づく待機児童数（隠れ待機児童数）も減らす取り組みを、官民一体となって実施することが肝要です。

「てっさが一円」という広告に釣られると……

じっくり時間をかけて読む人は別にして、日々忙しくしているサラリーマンは通勤電車の中などで、新聞や中吊《なかづ》り広告の見出しだけを見て、物事を判断してしまうでしょう。それだけに、見出しが適切につけられていなければ、多くの人は一種の情報操作を受けてしまいます。

特殊要因があって初めて成り立つデータも少なくありません。例えば皆さんは次のような広告を見かけたら、「よし、フグを食べに行こう」という気持ちになりますか。

「とらふぐ祭り　泳ぎてっさ一円（税込）」

泳ぎてっさ（フグの刺身）が一円と謳《うた》われれば、これはお得だ、一〇皿食べても一〇円だと思い込んでしまう人も出てくるのでしょう。しかし、多くの人は何か裏があるだろう、これは特別な条件でもあるのではないかと、疑ってかかるのではないでしょうか。

実際、この広告を詳細に見てみると、様々なことが書いてあることに気づきます。まず気づくのが、「泳ぎてっさ一円」の上に、「泳ぎてっちりご注文の方」と書かれていることです。てっちり、すなわち鍋を注文しないと、てっさは一円にはならないわけですが、フグを食べに行けばほとんどの人は刺身と鍋を注文するので、これは特段問題ないということになるのかもしれません。

次に、注意書きのところを見てみると、適用されるケースは多くないということに気づきます。具体的には、「各コースセットの追加のてっさ・一品料理の二皿目以降は通常料金（税・サービス込一四一一円）」となっています。二皿頼めば一四一二円ということになります。そもそも基本的にはどのコースもてっさはついているので、コースを注文した場合にてっさが一円になることはないのです。

また、「飲み放題プランおよび白子付きコースはキャンペーン対象外」「他の優待券や割引サービスとの併用はできません」とされています。結局のところ、さして割安なキャンペーンではなく、食事も飲み物も単品で頼む場合に、最初の一皿だけが一円になるのです。「うまい話には裏がある」ということです。もちろん、店側としてはウソをついているつもりはなく、特殊要因をすべてクリアした場合には一円にしますとしているだけのことです。全体としてはコースの値段も通常よりは安くしているようなので、キャンペーンの目玉として一円てっさを見出しに使っているということなのでしょう。

「年利15％相当額プレゼント」キャンペーンのカラクリ

クリック証券（現在はＧＭＯクリック証券）は、二〇〇五年設立のインターネット証券会社です。二〇一〇年に設立五周年を記念して、中吊り広告などで大々的に宣伝したのが、「クリック証券史上最大級の顧客還元!!　創立5周年記念　年利15％相当の現金プレゼントキャンペーン」というものでした。

定期預金に入れても限りなくゼロに近い超低金利の時代に、年率15％というのは多くの人の目をくぎづけにしたことでしょう。実際、このキャンペーンは応募者が殺到する大反響だったようで、当初は六月一四日から七月三一日までを予定していたのが、六月三〇日になって七月一七日までに短縮せざるをえなくなったようです。

ところで、この年利15％相当額というのは、どの程度のものだったのでしょうか。同社のニュースリリースによれば、次のように書かれています。


〈キャンペーン概要〉

ＦＸ取引で一定条件を満たされた個人のお客様を対象として、キャンペーン期間中におけるＦＸ取引口座への入金額から、当社の定める判定日までの出金額を差し引いた、純入金額に対して、年利15％相当額である２・５％（年利15％÷12カ月×2カ月）分を現金でプレゼントいたします。

〈プレゼント金額〉

純入金額（※）×２・５％（最大２５０００円）
※（キャンペーン期間中のＦＸ取引口座への入金額）－（当社の定める判定日までの出金額）
〈適用条件〉
●キャンペーン期間中にＦＸ取引口座へ通算で10万円以上の入金　※振替含む

●取引回数計算期間において、FXの新規建て取引を5回以上
他にも色々と細かなことが書いてありますが、15%相当とは言っても二カ月分の金利（=2・5%）だけしか受け取れないことになっています。2・5%でも高金利であることは間違いないですが、この資格を得るためには通算一〇万円以上の入金を行ったうえで、一カ月余りの間にFXで新規に外貨を買う（売る）取引を五回以上行わなければならないのです。また、どんなに余剰資金があっても最大二五万円となっていることから、入金額も最大で一〇〇〇万円までとなっています。

このような条件をクリアして初めて年利15%相当額を獲得できるわけですが、キャンペーン期間を短縮しなければならないほど希望者が多かったことを考慮すれば、クリック証券としては大成功といったところなのでしょう。

しかし、中には年利15%相当という甘い言葉に吸い寄せられてFX取引を始めたものの、ハイリスクを負ってしまった人も少なくないでしょう。中吊り広告でも、小さく条件が書かれてはいたものの、細かな適用条件などはホームページで確認しないとわからないようになっていました。

いずれにしても、こうしたキャンペーンには様々なリスクがあるということを、よく確認したうえで応募するべきです。痛い目にあってしまってからでは遅いので、くれぐれも注意が必要です。

「月五万円の積立で一億円が貯まる」と聞いて信じる？

「1億円貯めるなんて無理と思っていませんか？」「1億円は貯められる。月5万円の積立で。」という広告もありました。イケメン俳優に囁《ささや》かれれば、そうかなと思ってしまう人もいるのかもしれませんが、これもやはり非現実的なデータと言わざるをえないものでした。
この広告を出していたアブラハム・プライベートバンクは、二〇〇八年に設立された海外投資を専門とする投資助言会社でした。そのHPで、金融商品「いつかは ゆかし」についての次のような説明がなされていました。

老後の生活費は1億円必要と言われています。自分年金としての1億円は、もはや誰にでも必要なお金だと言えそうです。将来1億円を確保するための最良の方法は、複利効果とリスク分散効果を前提にした「長期積立」です。理論的には、年利10％で月5万円を30年間積み立てすれば1億円が貯まります。では、現実的に年利10％以上のファンドはどこにあるのでしょうか？

実は、海外には年利10％以上の優良ファンドが豊富に存在しています。第100位のファンドでも16％の好成績というデータが出ています（Barron's TOP100 Hedge Funds）。そもそも日本の販売会社で買えるファンドは世界で流通している金融商品のわずか3％に過ぎません。しかしいくら視野を広げたとしても、こうした優良ファンドを日本の販売会社で買うと、販売手数料がかかってしまうのが今までの日本の常識でした。そこで、全く新しい仕組みで自分年金を支援するために生まれたのが「いつかは ゆかし」です。

このように言われると、これは凄い金融商品ではないかと思ってしまう人も出てくるでしょう。では、そもそも三〇年で一億円が本当に貯まるのでしょうか。

確かに年利10％以上の複利計算をすると、月五万円の積み立てを三〇年続ければ一億円に到達することになります。しかし、三〇年間、いわば勝ち続けられるような投資は本当に可能なのでしょうか。

そもそもこの会社は投資助言会社ということで、投資は直接本人が行わなければならないものです。しかも投資助言会社とは、「いわば医者と同じ立場。だからこそいかなる金融機関とも資本関係を持たずに、中立の立場で世界の評価機関のデータを基にファンドを紹介することができます。」としていますが、医者であれば治療や手術も行い、患者に対して一定の責任を持つものではないでしょうか。このあたりもどうも奇異な感じがしてしまいます。

同社は「日経ビジネス」をはじめ様々な雑誌に広告を掲載し、その中で「急成長企業ランキング二年連続受賞」(デロイトトウシュトーマツ日本テクノロジーFast50)、「個人投資家五〇〇人に聞いた海外投資を相談したい会社第一位」(二〇一一年度、マクロミル調べ)といったように、各種ランキングでトップクラスの評価を得ていると誇示していますが、この辺りは先述したようなランキングの罠といったところです。

結局のところ、二〇一三年一〇月一一日、金融庁関東財務局は同社に対する検査の結果、複数の法令違反行為が認められたため、半年間の業務停止命令と業務改善命令という行政処分を行ったのでした。具体的には、

①無登録で海外ファンドの募集又は私募の取扱いを行っている状況
②著しく事実に相違する表示又は著しく人を誤認させるような表示のある広告をする行為
③顧客の利益に追加するため財産上の利益を提供する行為
という三点の法令違反の事実が認められたとしています。特に、②については、
当社は、雑誌記事広告において、当社の提供する助言サービスである「いつかはゆかし」並びに国内証券会社及び国内投信会社が販売する積立商品の合計6商品を「国内外の主要積立商品比較（過去5年間の年平均利回り）」との表題の下、グラフにより比較し、6商品の中で「いつかはゆかし」が15・34％と、最も高い平均利回りを上げていると記載している。
しかしながら、過去5年間の年平均利回りとして15・34％というパフォーマンスを上げていた投資商品は、当社顧客が投資対象を選択するに当たり選択肢となり得る投資商品の一つではあるものの、当社は、当該投資商品の取得を顧客に助言したことはなく、顧客が当社の助言を受けて当該投資商品を取得した事実も

ない。

と指摘を受けていますす。やはり「いつかはゆかし」には、大きな問題があったのです。これによって、「いつかはゆかし」の広告は消え、同社も社名を変えましたが、依然として事業は行っているようです。

二〇一八年には、ケフィア事業振興会という食品通信販売会社が破産しました。ここでは、オーナー制度と称して、干し柿などのオーナーになれば半年で約10%の利回りを保証するなどとしていました。やはりうまい話には要注意です。

「二〇一八年には合計特殊出生率二・四」という異常なビジョン

民間企業だけでなく、自治体も時に信じられないようなことをすることがあります。地方自治の専門家として様々なデータに接する中で、まさにありえないとしか言いようのないデータを公表したのが新潟県でした。

二〇四〇年に消滅可能性都市が八九六生じるという、いわゆる増田レポートが各方面に衝撃を与え、国が本格的に取り組みを始めた地方創生。急激な人口減少をいかにして緩和すべきか、各自治体の知恵比べが展開されています。

国としても将来の人口ビジョンを作成し、具体的な政策をまとめた総合戦略に基づいて取り組みを進めています。これに呼応して各自治体も、人口ビジョンと総合戦略の策定作業を行っています。そんな中で新潟県が策定した人口ビジョンの前提を見たとき、正直これはありえないと感じました。

人口の増減は、出生数と死亡数の差し引きである自然増減と、転入と転出の差し引きである社会増減から構成されます。自然増減については出生率、特に合計特殊出生率（一五歳から四九歳までの女性の年齢別出生率を合計したもの）をどのように推計するかがカギとなります。二・〇七程度となれば、長期的に人口は安定すると言われていますが、少子化の中で、二〇一四年は日本全体で一・四二に留まっていました。

新潟県も全国平均並みの一・四三でしたが、これに対して新潟県人口ビジョンでは、自然増減に関して次の通り三つのパターンを示しています。


一）二〇一八年に県民が理想とする子どもの数（二・四人）を持てる社会が実現した場合

↓二〇六〇年に一八〇万人程度が確保
↓二〇九〇年ごろには人口減少に歯止めがかかり約一七〇万人で安定
二）二〇一八年に県民が理想とする子どもの数（二・四人）を持てる社会が実現した場合で、かつ二〇一八年に転入数と転出数が均衡した場合
↓二〇六〇年に一九四万人程度が確保
↓二〇七〇年ごろに人口増加に転じ、二一〇〇年には二〇〇万人以上が確保
三）二〇一八年に年間三万人が生まれる社会が実現した場合
↓二〇六〇年に二一四万人程度が確保
↓二〇七〇年ごろに人口増加に転じ、二一〇〇年には二三〇万人以上が確保
パターン一とパターン二で示している県民が理想とする子どもの数二・四人とは、二〇一四年に新潟県が実施した子ども・子育て支援に関する県民ニーズ調査の結果を根拠としています。新潟県人口ビジョンは二〇一五年一〇月に策定されたものでした。それか

らわずか三年で合計特殊出生率が約一も上昇すると誰が考えるのでしょうか。

ちなみに日本の合計特殊出生率が約二・四だったのは一九五五年のことでした。わずか三年で六〇年前の状況にまで改善できるというのは楽観主義どころか、荒唐無稽《こうとうむけい》な話ではないでしょうか。またパターン三の年間三万人が生まれる社会というのは、二〇一四年には一六四八〇人の出生に留まっていただけに、四年間で倍近く子どもが生まれるということを意味しています。こちらもありえない推計であり、もはや推計というよりも妄想と言ったほうが適切ではないでしょうか。

新潟県人口ビジョンには威勢のいい言葉が並んでいます。「将来に希望の持てる魅力ある新潟県の実現」を目指すべき将来の方向として掲げ、人口の将来展望として「人口減少に歯止めをかけ、人口を安定させていく」ために、「県民の英知を結集し、県民・企業・団体・行政が一体となって『目指すべき将来の方向』と『目指すべき人口の将来展望』の実現に向かって取組を進めることにより、無機質な推計が示す未来を変え、持続可能な地域社会を創っていくことは可能である」としているのです。

そんな「目指すべき将来」を三つのパターンで仮定した場合の人口展望の試算が、先に示したものでした。

このようなありえない目標設定を仮に是としたとして、具体的な取り組みはこれらの目標の実現を可能とするものなのでしょうか。新潟県創生総合戦略の内容もあっさりとしたもので、全体でもわずか二六ページ。結婚・子育て支援関係には二ページしか割いておらず、内容も抽象的な事項を羅列しているに過ぎません。具体的な成果指標の設定も「増加させる」といった具体性に乏しいものが大部分で、これではやる気がないと見られても仕方がないでしょう。

それでは、なぜこのような論外とも言うべき人口ビジョンと総合戦略が、都道府県レベルの自治体で作成されてしまったのでしょうか。これについては、新潟県が二〇一二年度末に設置していた「新潟県人口問題対策会議」で、形式的に議論をしていたようではあります。この会議は市長一人、町長一人、大学教員二人、経済界の関係者二人、それ以外は県庁の部局長などから構成されています。

形だけ一応は産・官・学とはなっていますが、実際にはほとんどイエスマンの集まりだったのではないでしょうか。公募委員もおらず、議長である知事の意向に反した発言は誰もできなかったのでしょう。ある自治体で、二〇四〇年に合計特殊出生率を二・一まで上昇させるという目標設定に関して、達成は難しいのではないかという否定的な意見が市民から出されているのとは対照的です。

ちなみに二〇六〇年の人口を二〇一五年時点（五・五万人）より二万人増とする人口ビジョンを策定し、その実現可能性について議論となった京丹後市でも、合計特殊出生率に関しては二〇一五年の一・七三を二〇四〇年に二・三二としている程度で、二五年間で〇・五九ポイントです。新潟県の人口ビジョンはわずか三年で〇・九七ポイントも上がるという仮定なので、いかに新潟県の人口ビジョンが異常であるかよくわかるでしょう。

このような無茶苦茶な人口ビジョンを作成したからか、国の地域活性化・地域住民生活等緊急支援交付金（地方創生先行型）先駆的事業分（タイプＩ）に関して、新潟県の申請で採択されたのは一事業だけで、交付金の額も沖縄県に次いでワースト２という少なさになってしまいました。これは上位県の一〇分の一にも満たない額で、東京都や大阪府といった地方創生に関しては直接的な恩恵が少ない自治体への交付金額よりも少ない有様でした。

このように問題に正面から向き合わず、根拠のないバラ色の未来を示し続けてきたツケは、新潟県の財政危機も招いています。県では、県内の経済成長率を実績より高く見積もり続け、全額県負担の借金を増大させたことが危機再来につながったと指摘しています

（「新潟日報」2019年10月26日付より）。

今さら当時の県政の責任を明らかにしても遅きに失した感はありますが、問題を先送りにしたツケは後世に降りかかるという教訓は、他の自治体も心すべきことではあります。

「伊勢崎市は四人に一人が外国人」という誤報の真相

いい加減なのは新潟県だけではありません。本当に情けないというか、こんなお粗末なデータを使ってニュースを報道していいのか、というようなものもあるのです。その例がテレビ朝日の報道です。

群馬県大泉町は日系ブラジル人を中心に、外国人住民の割合が全国一高い自治体として有名ですが、テレビ朝日はその大泉町を同じ群馬県の伊勢崎市が超えたことになる誤報を流してしまいました。

二〇一五年九月二〇日の「報道ステーションSUNDAY」で、熊谷市で発生したペルー人による六人もの連続殺人事件に関するニュースを報じていましたが、その際に容疑者が生活していた伊勢崎市の外国人人口比率を25％と言っていたのです。

さらに悪いことに、翌朝の「モーニングバード」でも何ら訂正なくこの内容を伝えていました。25％というのは四人に一人ということです。伊勢崎市の人口は約二一万人なので、このうち五万人強が外国人住民ということになってしまいます。常識で考えればこれはおかしいと思うスタッフが一人くらいいてもいいはずだったのですが、残念ながらテレビ朝日は完全にノーチェックだったようです。

それでは、テレビ朝日のスタッフはなぜこのような間違いをしてしまったのでしょうか。このニュースの主眼は容疑者のことであって、伊勢崎市そのものではありません。また、伊勢崎市は群馬県南部の街で、近年積極的な工場誘致が行われ、北関東でも有数の工業都市となっているため、工場で働く外国人労働者が数多く生活している事実はあります。

スタッフが独自に調べたとは考えにくいので、おそらくは何らかの資料、それもネットで簡単に手に入るものを見つけてきて、事実誤認のまま25％と言ってしまったのではないかと考え、ネットで検索をかけてみたところ、どうもこれを見誤ったのではと思われる資料を発見しました。

それは、群馬県が毎年公表している「外国人住民数の状況」という資料で、毎年末のデータを市町村の協力を得て、人権男女・多文化共生課がまとめているものです。これによれば、群馬県内の市町村で外国人住民が最も多いのは伊勢崎市でした。

その数約一万人ということで、市の人口の約5%を占めていました。5%という割合自体は、決して小さくはありません。その当時の日本全体では1・7%程度なので、全国平均の三倍の高い値ではあります。とはいえ25%には程遠いです。

この資料をもう少し眺めてみると、いとも簡単にテレビ朝日のスタッフのミスが見えてきました。外国人の多い市町村に関して、外国人の数の後にカッコ書きで比率が書いてあるのです。注を見ると、「( )内は外国人住民数全体に占める割合」となっています。ここで言う外国人住民数とは、群馬県で生活する外国人の数のことです。すなわちその当時、群馬県内に約四万人いる外国人の約25%(=約一万人)が、伊勢崎市に住んでいるということを示しているだけなのでした。

どうもテレビ朝日のスタッフは、この25%というのを伊勢崎市の人口に占める割合と曲解してしまったようです。本来の分母は群馬県内の外国人数であるところを、伊勢崎市の人口と勘違いしたのが、そもそもの発端だったのでしょう。

しかも、二〇一四年末時点では23・8%、二〇一三年末時点では23・9%でした。実はテレビ朝日のスタッフは、最新のデータでもない二〇一二年時点の24・7%という数値を、四捨五入して使ったようなのです。

データの読み違いはするわ、最新のものですらないデータを引用するわ、といった具合で何ともともほほな話ではありません。伊勢崎市に対して、テレビ朝日は謝罪する気持ちはあるのでしょうか。

世界で一番人気の旅行先は大阪のＵＳＪ⁉

外国人観光客の増加で、観光産業に対する期待が高まっています。特に地方では、その傾向が顕著です。一方で、他の統計に比べると観光に関するデータの信ぴょう性については以前から議論があります。要はどれだけ正確に把握されているのか、ということが問題になってきたのです。

まずはインターネット・アンケートについてです。ＲＢＢ ＴＯＤＡＹでは、「世界の旅行先で、ＵＳＪがランキング１位に　楽天リサーチ」と題して以下の記事を掲載しています。

楽天リサーチは「世界の旅行先に関する調査」を実施し、４月20日に結果を発表した。国内外宿泊旅行先として最も多かった旅行先は「ユニバーサル・スタジオ・ジャパン」(USJ、大阪)だった。USJは「満足」「宿泊」「リピート」という設問でも1位となった。調査方法は、関東(1都6県)在住の楽天リサーチモニター(18〜44歳の男女)に対してアンケートを行ない、その結果を集計した。調査期間は10〜13日、有効回答数は1467サンプルだった。調査は、2014年1月以降に宿泊を伴う旅行を経験した者に対して実施。アンケート対象旅行先は、楽天リサーチの事前調査で旅行先として訪問者の多かった国内・海外の主要旅行先25カ所。その他の国内旅行先、海外旅行先を自由回答式で測定している。

国内外宿泊旅行先として最も多かった旅行先はUSJだった。これに「東京ディズニーランド」(TDL、千葉)や「沖縄美ら海水族館」(沖縄)が続き、上位10項目のうち9項目が国内で、上位2つがテーマパークだった。海外旅行先は「ルーヴル美術館」(フランス)が上位10項目内に位置した。

(「RBB TODAY」二〇一五年四月二二日配信より)


見出しに楽天リサーチと書いてある時点で「これは?」と思いましたが、記事を読んでみてやっぱりそうかと合点がいったものです。これは「見出しに騙されるな」ということでもあるのですが、世界一の旅行先といっても日本人から見た、しかも楽天リサーチのモニターという特定の層を対象にしているもので、さらに言えばインターネット・アンケートの割には対象者数が一四六七人と少ないことを考えれば、そんなものかというところでしょう。

この記事が出たことでＵＳＪは喜ぶかもしれませんが、たった二五カ所程度の旅行先の中で、しかも二〇〇人前後が泊まったことがあるということだけで、世界一の称号を与えるのは誇大広告とほとんど変わらないのではないでしょうか。六位がルーヴル美術館というのはご愛嬌《あいきょう》かもしれませんが、せっかくなら楽天リサーチも国内の旅行先に限定して調べたほうが、正々堂々と結果を公表できるのではないでしょうか。

いずれにしても、ほとんど意味のない内容であることは間違いないでしょう。せめて、日本人が選ぶ、といった前提条件くらいは見出しに書くのが最低限のマナーと言えると思います。

新潟市が金沢市をしのぐ観光地⁉

二〇一五年三月一四日に金沢まで北陸新幹線が開業しました。これによって金沢方面に多くの観光客が訪れるようになり、さながら新幹線特需のような状況が続いています。しかし、開業の少し前に、金沢にとっては驚きの情報がテレビで報じられました。

それは「月曜から夜ふかし」という日本テレビのバラエティ番組で、二〇一五年二月一六日に放送された「北陸新幹線開通による闇」というもので、観光入込《いりこみ》客数が金沢八二三万人に対して、新潟一七一三万人とされていました。

新潟のほうが倍以上の観光客が来ている、ということでネット上には新潟は実は金沢をしのぐ観光地だ、いやいや実力は金沢のほうが上だ、といった投稿が相次ぎました。当時、私は新潟市に住んでいただけに、このデータには少なからず違和感を抱き、どこまで正しいのか様々な資料を探してみました。

まず、番組で用いられたデータの出典について調べたところ、金沢に関しては石川県の観光統計、新潟に関しては新潟市の観光統計だったことが明らかとなりました。どちらも観光庁の観光入込客統計に関する共通基準に基づくものとされていて、二〇一三年のデータでした。

一方、金沢は金沢地域、すなわち、金沢市だけでなく、かほく市、白山市なども含むもの（人口約七三万人）で、新潟は新潟市（人口約八〇万人）を対象としていました。すなわち、観光入込客数八二三万人は、金沢市（人口約四六・六万人）だけのデータではなかったのです。ということは、観光入込客数では、断然新潟市の勝ちということになるのでしょうか。

答えは否《いな》です。それでは、なぜ新潟市のほうが倍以上の観光入込客数を記録したのでしょうか。実はここに観光に関するデータの課題、すなわち観光客数の定義や把握方法に関する課題が見え隠れするのです。

まず、誰が観光客で誰が地元の人かという区別をすることが、困難であるという点があります。例えば、金沢の兼六園であっても、新潟のふるさと村であっても、来訪客が市民か否かというのを正確に把握するのは不可能に近いことです。実際には、特定の日にサンプルのデータを取って、その時点での市民と外からの観光客の比率を調べるなどして推計するというのが関の山です。

次に来訪者の数を正確に把握することは、不可能に近いという点があります。有料施設であればかなりの精度で捕捉できますが、公園などの出入り自由な施設の場合、ゲートなどに機械を設置しない限り難しいという現実があります。結局のところ、これも推計したデータとなるのです。

さらに大きな要因が、観光入込客を捕捉する施設やイベントをどれだけ設定するかということにあります。実はこのことが、新潟と金沢のデータの違いに最も大きな影響を与えているのです。両方の資料を見ると、明らかに観測地点に関して違いがあります。金沢のほうは何カ所という記述はないものの、兼六園など主要な観光地に限定していることが資料からうかがえます。例えば主要一九カ所だけで、全体の観光客数の六割を超えています。

一方、新潟市の場合、地元の神社や祭り、花火大会の入込客数から、各種スポーツ施設の利用者数まで、ありとあらゆるデータが含まれています。当然のことながら、Jリーグのサッカーを観戦した市民なども相当数含まれています。全体の約四割がイベントやスポーツに関するものとなっていますが、このうち市外、あるいは県外からの来訪客は、どの程度だったのでしょうか。

金沢市はできるだけ外からの観光客数の把握に努めているのに対して、新潟市は観光客の総数を増やそうと、可能な限り観測地点を増やし、結果として相当程度市民がカウントされているのです。

このことは、両市の宿泊者数を見るとさらに明らかとなります。観光庁の宿泊旅行統計調査によれば、同一時期の二〇一三年では、新潟市は一六〇万人（泊）だったのに対し、金沢市は二〇一万人（泊）と勝っていました。

どれだけ観測地点間の重複を除いているかということに関しても、自治体間でばらつきがあるとも考えられます。通常、観光スポットを一カ所だけしか訪れない旅行者のほうが少ないのは明らかです。

このことも含めて、観光に関するデータは正確性の面でまだまだ課題が多いと見ておくほうがいいのでしょう。だいたいこの程度、という感覚で接しておくのが無難です。

第四章　データ・リテラシーを鍛える

一 常に比較の視点を持つ

ここまで様々な事例を基に、データの表面だけで判断せず、しっかりと読み込んだうえで、データの罠から逃れる術を身につけるべきだと述べてきました。それではどのようにすればデータ・リテラシーを養うことができるのでしょうか。特別、難解な統計学を学ばなくても、ちょっとした心がけでデータ・リテラシーを身につけることは可能です。

一言でいえば、普段から数字を使って物事を理解するよう心がけるということが大事です。実際、微分や積分、確率などの知識がほとんどなくても、四則演算だけでかなりのことが理解できます。数字に強い経営者の人たちであっても、普段用いるのは足し算、引き算、掛け算、割り算をする程度であるとも言われています。

それでは具体的に、どのようにすれば数字に親しむことができるのでしょうか。昔から数学は苦手という人も少なくないですが、ここでは数学というよりも算数のレベルで十分です。それでは数字に親しんでみましょう。


データ・リテラシーを鍛えるための第一歩は、比較の視点。何事も比べてみるということを強く意識することです。データというのは、それ単独では必ずしも有益な情報をもたらすわけではありません。例えばある人の身長が175cmだとして、この情報だけでは実は何も判断できません。この人の背が高いのか低いのかということも、175cmというデータだけでは本当はわからないのです。

最初に必要になるのが、この人がどのような人かという情報です。もし女性であれば、年齢、国籍などにかかわらず、175cmというのは背が高いと判断することになるでしょう。ここでは、日本の成人女性の平均身長はだいたい160cm前後であるとか、欧米であっても170cmまでにはいたらないだろうといった情報（あるいは推測）を基に、高いと判断しているのです。

一方、この人がオランダやデンマークの成人男性であれば、平均で180cmを超えているので、背が低いということになるでしょう。あるいはプロバスケットボールの選手ということであれば、やはり選手の中では背が低いということになるはずです。

もし、あなたが175cmと聞いて、少し背が高い人だなあと思っているのなら、その時点で実はもう比較を行っているのです。日本人の成人男性の平均が170cmくらいという情報を持っていて、そのように判断しているのでしょう。

このように常に比較の視点を持つことが重要なのです。例えば、A地域内の道路の延長が100kmであっても、それだけで道路網が充実しているとか、していないとかを判断することはできません。当然のことながら、他の地域（B地域）と比べることが不可避となります。

そしてこの場合は、身長のように単純にデータそのものを比べてもあまり意味はありません。B地域内の道路延長が200kmの場合、確かにA地域よりも長いのですが、A地域とB地域の地理的な状況が異なるため、比較できるようにデータを加工する必要があります。

具体的には、「○○当たり」というデータに置き換えます。多くの場合、人口当たりが用いられますが、ここでは道路がどの程度地域に張り巡らされているかが重要であるので、面積当たりが最も適当となるでしょう。

もし、A地域の面積が5㎢、B地域が20㎢であれば、A地域については20km／㎢、B地域については10km／㎢となるため、A地域のほうが道路網に関しては充実しているということになります。さらに地形などを考慮するのであれば、山林や湖沼の面積を除いた可住地面積当たりでの比較も一案です。当該地域の自動車の数で比較してもいいでしょう。

このように、比較に当たって生のデータのままで比べることは決して多くはありません。

もちろん売上高ナンバー1や預貯金残高ナンバー1といったように、スケールを比較する場合には、データの量そのものを比べることが一般的ですが、データの質を比べるのであれば、従業員一人当たりの売上高や口座数当たりの預貯金残高のほうが適当でしょう。

例えば、メガバンクと信用金庫の預貯金残高をそのまま比べても、元々金融機関としての規模が大きく異なりますから、あまり意味はないでしょう。また、人口当たりでも、データによっては総人口を使うこともあれば、六五歳以上の高齢者人口、あるいは未就学児の人口を使ったほうが妥当なこともあります。

また、比較をする視点として、いわゆる「タテ・ヨコ・ナナメ」から眺めることも重要です。ここでの「タテ」とは、時系列で比較することを意味します。過去と過去、過去と現在を比較することで、未来を予測することが可能となります。もちろん単純にこれまでの傾向が続くとは限りませんし、過去の中に特殊要因が含まれている場合はそれを除くといった工夫が必要ですが、回帰分析などを行うことで、将来の人口をある程度予測することも可能です。

「ヨコ」とは文字通り横並びのことで、企業同士、自治体同士、大学同士を比べることで、集団の中で当該組織がどのような位置にあるのかを明らかにすることができます。組織の規模や性格などがある程度同じもの同士を比較したほうが、様々な示唆が得られると考えられます。

例えば、同じ市だからといって、人口三七〇万余りの横浜市と、人口三〇〇〇ちょっとの北海道歌志内市を比べても、得られるものは多くありません。横浜市であれば政令指定都市と、歌志内市なら人口の少ない市と比較したほうが、有益な情報が得られるでしょう。

「ナナメ」とは、ちょっと聞きなれないかもしれませんが、あえて異なる分野、異なる組織で比較するということです。企業と自治体、大学と専門学校といった具合です。例えば企業と自治体で従業員が同程度のところに関して、企画部門や人事部門の職員比率を比べることを通じて、マネジメントのあり方を再検討するといったやり方です。

このような多角的な比較の視点を持つことは、データ・リテラシーを鍛えるうえで欠かすことができないものとなります。

二)「率」か「数」かに注意する

数字に親しむに当たって常に気をつけるべきことに、「率」で考えるか、「数」で考えるかという点があります。これについて、司法試験の合格率と合格者数を例に取ると、そのカラクリがよくわかるでしょう。

結論から言うと、率と数、どちらも常に意識すべきものです。率だけ、あるいは数だけで判断してしまうと、実態を見誤ることになりかねないのです。

三章で紹介した新司法試験やロースクールに関する話を例にしましょう。政策としての問題はさておき、学生にとって良いロースクールを探すためには、どのようなデータを参考にすべきでしょうか。自分自身の将来がかかっているだけに、様々な情報を入手するでしょうが、普通に考えれば「合格率」、ないしは「合格者数」というところが重要になるでしょう。

ロースクールが作られ、新しい司法試験が最初に実施されたのは、二〇〇六年のことでした。合格率が一位だったのが、島根大学に設置された山陰法科大学院で、なんと100%と全員合格でした。全員が合格するような大学院であるなら、その後も優秀な学生が続々集まったのではないかと思うかもしれませんが、現実には国立では最も早く募集停止を決定しました。

実際には合格率100%といっても、受験したのが一人、合格したのが一人ということだったのです。まさに「率の罠」というところでしょうか。

それでは逆に、合格者数が多ければ学生にとっていい大学院ということになるのでしょうか。確かに中央大、慶應大、東大、京大、早稲田大といったロースクールは、合格者数もほぼ毎年一〇〇人を超えるなど、実績を上げてきました。また、多くのロースクールでは合格者数をＨＰに掲載していますが、合格率については記載していないケースが少なくありませんでした。

それではやはり、合格者数が二〇人のＡ大学院と、一〇人のＢ大学院があったとして、あなたならＡ大学院への進学を考えるでしょうか。多くの学生は、そうは言っても合格の可能性のほうを気にすると思います。どれぐらい多くの学生が合格しているかよりも、どれくらいの割合で合格しているかのほうが重要なのです。この場合、一〇〇人が受験して二〇人が合格（合格率20％）と、二五人が受験して一〇人が合格（合格率40％）ということであれば、Ｂ大学院を選ぶということになると思います。

結局のところ、率と数、両方を気にすることが必要となります。特に数が少ない場合は、率だけで判断するのは危険です。別の言い方をすれば、一定規模以上の数があれば、率をより重視すべきなのです。

このような事例は、他にも色々あります。一〇〇年以上の歴史がある日本酒の鑑評会で金賞や入賞を取ることは、出品する酒蔵にとってももちろんですが、都道府県別の数が公表されることもあって、各都道府県の日本酒関係者にとっても大変気になるものではあります。二〇一五年の鑑評会の結果について、いくつかの都道府県の地元紙を見比べると、大変興味深いことに気づきます。

日本酒王国とも称される新潟県の「新潟日報」(二〇一五年五月二九日付)では、「本県から金賞15点　全国新酒鑑評会　都道府県別は2位」と見出しが並びます。記事についているグラフでは、金賞数の多い五県についての過去五年間の推移を示しています。

一方、秋田県の「秋田魁新報」(二〇一五年五月二一日付)では、「全国新酒鑑評会、本県の金賞13点　昨年より3点増」とやはり金賞数を見出しにしていますが、本文で「出品点数に占める金賞の割合は41・9%で全国平均(26・1%)より高い水準にある」と金賞率に言及しています。

福島県の「福島民報」(二〇一五年五月二五日付)では、「本県24銘柄『金』3年連続日本一　全国新酒鑑評会」とやはり数を見出しにしてはいますが、「出品数は新潟県が68銘柄で最も多かった。本県は39銘柄で、このうち約6割が金賞に輝いた」と書くとともに、東北各県と金賞を10銘柄以上受賞した都道府県について受賞数と出品数を並べて表にしています。率こそ明記していませんが、その表を見れば容易に受賞率の高低がわかるようになっています。

このように「新潟日報」は金賞数だけで新潟の日本酒が健闘している状況を誇張しているのに対して、「秋田魁新報」や「福島民報」では受賞率について言及することで日本酒の品質の高さを誇示しています。

しかし、どういうわけか、二〇一八年から都道府県別の出展数が公表されなくなってしまいました。金賞や入賞の数はわかるものの、これではどこの都道府県の日本酒が頑張っているかということを分析することができなくなってしまいます。このような情報公開の後退は、決して望ましいことではありません。過度の競争を煽りたくないという姿勢なのかもしれませんが、再び公表されるように変えるべきです。

いずれにしても、我々は常に率と数を両睨《にら》みする癖をつけておくべきです。このバランスを保つことも、データ・リテラシーを磨くために欠かすことができないものです。

三)「概数」で把握する

次に大事なことは、「概数で把握する」ことです。少しわかりにくい表現かもしれませんが、要はだいたいの規模、数をとらえるということです。正確なデータでなくても、これくらいといった感覚を持ち、それがケタ違いでなければ合格点をつけられるでしょう。元々統計データには、様々な誤差がつきものです。世論調査の結果も同様です。データを絶対視せず、だいたいという感覚を持って使いこなすことが肝要なのです。

大雑把でいいのでこれくらい、と把握できればしめたものです。逆にケタを大きく誤ってしまうようでは、データ・リテラシーは心もとないものとなってしまうでしょう。

以前、大学一年の学生たちに日本国政府の一年間の予算はどれくらいかと聞いたことがあります。その際、一番酷かった回答が一億円というものでした。おそらくこの学生は、予算というものが何であるかもよくわからず、とりあえず自分自身にとっては大きな額である一億円というデータを苦し紛《まぎ》れに答えたのでしょうが、残念ながらデータ・リテラシーが全くと言っていいほどありません。

一億円というのは、日本人の数を一億人と少なく見積もっても、一人当たり一円しかないという計算になります。そのような少額で福祉やインフラ、環境などに関する経費を賄《まかな》えないのは、火を見るよりも明らかです。そもそも小学校一校の先生の給料だけでも、一億円は軽く超えてしまうでしょう。

一億円は論外として、それでは予算額をどのように概数で把握すればいいのでしょうか。もちろん政府のＨＰなどを見れば容易に正確なデータはわかりますが、自力で近いデータを弾き出せるでしょうか。

概数で把握するといった場合、特に大きなデータに関してはなかなかピンとこないものです。億の単位でもそうなのに、これが兆の単位となったらなおさらでしょう。このような場合、大きなデータを分解するという作業を行えば、比較的容易に概数で把握することが可能となります。具体的には○×△、あるいは○×△×□といったように、二つないし三つのデータに分解するのです。

具体的には○が単価（人数当たりの額）、△が人数、□が補正するための係数や期間（例えば月数）といった具合です。もちろん単価ということに関しては、高齢者と若者、富裕者と貧者では異なるのは明らかですが、概数で把握するためなら、とりあえず平均単価といったくくりで十分でしょう。

ここで難しいのが単価の設定です。ある意味、常識力が問われるわけなのですが、例えば一人当たり一万円程度と仮定した場合（予算規模なら一兆円程度）、これでは義務教育が無償化されている分だけでも賄いきれないだろうと考えれば、もっと高額ということになるでしょう。一方、一人当たり一〇〇〇万円程度となれば（予算規模なら一〇〇〇兆円程度）、一家四人で四〇〇〇万円となりますが、そんなに個人も企業も税金を払っているとは思えないと考えれば、もっと少額ということになるでしょう。

あれやこれやと推測しながら範囲を絞り、数十万円、あるいはせいぜい一〇〇万円といった単価を思い浮かべれば、ほぼ正解に近くなります。これに一・二億人、場合によっては大雑把に一億人として、数十万円ないし一〇〇万円をかければ、だいたい一〇〇兆円ということになります。

このような〇、△、□に分解するやり方は、大きなデータを理解する際にも威力を発揮します。例えば国民医療費は、二〇一五年度には四二兆円に達しました。国家予算の四割程度の額と聞いて、ただ膨大だと嘆いていても何も始まりません。毎月の一人当たり負担額を概数で把握するために、〇×△×□を当てはめてみましょう。
□を後回しにして、〇の単価を考えると、国民医療費と称しているようにすべての国民に関係しているものなので、△の人数を一・二億人とすると、四二兆円÷一・二億人＝三五万円。一人当たり年間三五万円強も医療費が使われているということになります。次に□を月数として、一二カ月で割ることとします。そうすると一月当たりで約三万円となり、これでも医療費としては高いということになるでしょう。

国民医療費とは基本的に保険の適用があるものとされています。そのため三万円というのは全額が個人の負担ということではないので、とりあえず三割負担ということで概算すれば、個人の負担（＝単価）は一月当たり九〇〇〇円ということになります。これでも多いなと感じる人も少なくないでしょうが、四人に一人強が六五歳以上という高齢社会であれば、平均すればこの程度の負担というのもあながち法外なものとはいえないのかもしれません。

いずれにしても四二兆円という「ビッグデータ」よりも、月々の負担が九〇〇〇円というほうが、感覚的にも理解しやすいのではないでしょうか。このように、だいたいの規模を把握することで、物事の本質がより鮮明に見えてくるのです。

四）「だいたい」という感覚の難しさを知る

仮にケタを外してしまった場合でも、一ケタならともかく、二ケタ以上になるとデータ・リテラシーに難ありということになってしまうでしょう。それではどのようにすれば、「だいたい」という感覚を身につけることができるのでしょうか。

この感覚を身につけるのは、決して簡単なことではありません。常にデータで色々なことを考える癖をつけるしか早道はないのかもしれませんが、まずは大学を例に考えてみましょう。

私が以前勤務していた新潟大学には、当時九つの学部があり、さらに大学院もいくつかありました。法学部の学生に、「学生数はどれくらいいるか考えてみなさい」と言うと、ある学生は、「法学部の定員が一八〇人でも、実際に在籍している法学部生は定員より少し多いので、四学年で一九〇×四＝七六〇人、留年している人も足すと概算で八〇〇人くらい。法学部よりも定員の多い教育学部や工学部、経済学部などがあることを考慮すると、八〇〇×九というより、一二、三くらいをかけて、だいたい一万人。このほか、院生も理系を中心にそれなりにいるだろうけど、学部生のせいぜい二、三割だろうから、全部で一万二〇〇〇から三〇〇〇人くらいでしょうか」と答えました。

実際のところ約一万二五〇〇人なので、この学生のデータ・リテラシーはかなり高いということになります。一万二五〇〇人というのは、ちょっとした町の総人口に匹敵するともいえるでしょうし、日本の総人口の一万分の一、つまり1％のさらに1％ということになります。

それでは教員はどのくらいいるのでしょうか。また、学生に考えてもらいました。そうすると彼は、法学部のＨＰを眺めてそこに掲載されている教員数が三六人であることを知ると、教員一人当たりの学生数が二二人くらいと考えて、大学院も入れて一二五〇〇÷二二＝五七〇。でも、理系や医歯学系はもっと教員数が多いだろうから、この五割増しで八五〇人くらいかなと推測しました。

実際、病院や研究機関などを除いた教員数は八四〇人程度なので、これもかなり確度が高いものです。このように、院生が学部生の二、三割としたり、教員数を五割増しにしたりといった大雑把な概算をすることも時として必要です。ここまで正確ではなくてもいいので、大雑把に推測することを繰り返していくことで、徐々に「だいたい」の相場観をつかむことができると思います。

五）パーセンテージ化する意識を持つ

『世界がもし１００人の村だったら』は、二〇〇一年にマガジンハウスから刊行されたベストセラー本のタイトルですが、要は百分率にすると色々なことがわかりやすく伝わるということです。

データ・リテラシーを養ううえでも百分率、すなわちパーセンテージで割合を表現する癖をつけることは、とても重要なポイントとなります。

百分率に関しては、司法試験の合格率でも示したように、一般的には高い（場合によっては低い）ほうがいいのは当然です。合格率は30％よりは40％、50％よりは60％のほうがいいに決まっています。しかし、単に多い少ないだけでなく、それぞれの割合を的確に把握することによって、様々な有益な情報を得ることができるのです。

出身地に関して、先ほど触れた新潟大学の二〇一五年度入学生のデータを見ると、教育学部のように過半数の57％（二一四人／三七七人）が県内出身者の学部もあれば、法学部のように31％（五九人／一八八人）と県内出身者は三割強で、七割近くが県外出身者というところもあります。いずれにしても内訳を明らかにすることによって、様々な情報を入手することができるのが百分率の強みです。

百分率で示すことを通じて、全体の中であるカテゴリーに属する人の割合がどの程度で、別のカテゴリーに属する人の割合がこの程度だといった情報がわかることは、ビジネスにも大きな影響を及ぼします。

例えば、過去一週間の来場者の年齢構成を見て、60％以上が六〇歳以上となれば、イベントに出店しているレストランは高齢者が好むメニューを増やすでしょうし、逆に二〇代の男性が半数以上なら、それに合ったメニューを提供することでしょう。

六）「平均」と「偏差値」を使いこなす

平均とはとても便利なものです。たった一つのデータだけでその集団の特徴がある程度わかるだけに、我々は平均を重宝しがちです。雑誌などに載っている何かの平均回数や平均額と、自分自身の数値がずれていると不安にならないでしょうか。ある意味、平均を理想化しているきらいもあるのかもしれません。

平均にはすべてのデータを対等に扱う単純平均と、個々のデータによってウエイトが異なる加重平均、さらには調和平均などがありますが、一般的には個々のデータの総和をデータ数で割った単純平均が用いられます。

平均を使うにあたってまず確認すべきは、個々のデータの上限があるかないかということです。例えば試験の点数であれば、上限（例えば一〇〇点）が定まっているので、平均点は上限（一〇〇点）と下限（〇点）の間に入ることは明らかです。

一方で、所得額や貯蓄額については、理論上の上限はありません。億単位の人もそれなりにいるため、平均が庶民の相場観よりも高めになってしまうことが少なくありません。例えば一〇〇人のうち、九九人は皆一〇〇万円の貯金があって、たった一人だけ一〇億円の貯金があった場合、これらの平均はいくらとなるでしょうか。

正解は一〇九九万円。九九人は随分平均が高いなと感じる一方で、たった一人だけ随分少ないなと感じることでしょう。こうなると平均という一つのデータだけで物事を判断しては実態を見誤ることも起こってしまいます。

このような場合に便利な指標の一つが、「分散」と言われるものです。これはデータの散らばり具合を表すもので、分散が大きいと平均から遠く離れたデータが多いということで散らばりが大きく、分散が小さければ平均に近いデータが多いということで散らばりが小さいということになります。

やや数学的になりますが、（標本）分散はデータの二乗の平均から平均の二乗を差し引いたものです。元のスケールの二乗となっているため、単位を揃《そろ》えるために分散の正の平方根を取った標準偏差がよく用いられます。手計算できなくても、今では簡単にエクセルなどの表計算ソフトが算出してくれます。

これは誰もが覚えている偏差値につながるものです。偏差値というと受験戦争の悪しき慣習というイメージを持つ人も少なくないのかもしれませんが、本来は、個々の試験の難易度の違いに左右されずに、生徒の学力、学習進度、受験における合格可能性を判定するために用いられる客観的な指標なのです。平均を五〇に、標準偏差を一〇に対応させたものので、正規分布であれば偏差値四〇から六〇までの間に全体の68%、三〇から七〇までの間に全体の95%のデータが含まれるとされています。

偏差値化することのメリットとして、二つの質的に異なるデータに関しても比較が可能となる点があります。例えば数学は四〇点で偏差値が六〇、国語は六〇点で偏差値が五五の場合、実は点数が低い数学のほうが全体の中で出来がいいということになります。

さらにランキングなどで様々な指標を用いる場合、生データではなく偏差値化することで、足したり、平均を取ったりすることも可能となります。

例えば全国の市の公共施設の整備に関して比べる場合、下水道普及率90%、面積当たりの道路延長10㎞/㎢、人口当たりの公民館数三・五/一万人となっている市に関して、九〇と一〇と三・五を足して三で割っても何ら意味をなさないのですが、それぞれのデータについて、全国平均を五〇とする偏差値化を行い、下水道が偏差値五五、道路が六〇、公民館が五〇となれば、（五五＋六〇＋五〇）÷三＝五五となって公共施設整備全体に関し

都市名	購入量(g)	偏差値
新潟市	7,035	103.0
秋田市	4,258	72.5
特別区	3,531	64.6
⋮	⋮	⋮
岡山市	1,479	42.0
鹿児島市	1,371	40.8
宮崎市	1,195	38.9

※総務省統計局「家計調査（2013〜2015年）」より作成
図表8　「さやまめ」の購入量と偏差値

都市名	購入量(g)	偏差値
新潟市	3,716	77.6
山形市	3,091	67.3
大分市	3,010	65.9
⋮	⋮	⋮
札幌市	628	26.7
青森市	627	26.7
那覇市	615	26.5

※総務省統計局「家計調査（2013〜2015年）」より作成
図表9　「さといも」の購入量と偏差値

て他の市と総合的に比較することが可能となります。

このように、平均と偏差値を使いこなすことができれば、必ずしもビッグデータに頼らなくても様々な情報を入手することができるのです。

食べ物の地域性などに関して使われることの多い家計調査の結果を基に、宇都宮市や浜松市が餃子《ぎょうざ》の街として脚光を浴びたのは有名です。県庁所在都市と政令指定都市が毎回対象となっていて、一世帯当たりの購入額や購入量が品目ごとに詳細に示されています。この場合、データの多寡にばかり注目が集まりがちですが、都市ごとの購入額や購入量を偏差値化することで、品目間でどれだけ「尖《とが》っているか」を比べることができます。

図表8は二〇一三年から二〇一五年までの三カ年平均での、さやまめ（主に枝豆）の購入量上位下位三市の状況で、図表9は、さといものものです。どちらも新潟市がトップで、新

潟市と最下位では購入量に約六倍の開きがあるということは共通していますが、偏差値化すると圧倒的にさやまめのほうで、新潟がずば抜けているということがはっきりします。偏差値が一〇〇を超えるというのは通常はないからです。

実際に新潟市は日本一の枝豆王国で、多くの市民はゴールデンウィーク明けに早生《そうせい》の弥彦《やひこ》むすめを食べ始め、夏場の黒崎茶豆、そして一〇月ごろの丹波黒豆、肴豆《さかなまめ》と半年に及ぶ枝豆の季節を楽しんでいます。

見方を変えれば、さといもの購入量は比較的ばらつきは小さいですが、さやまめのばらつきは、特に上位の都市では顕著ということになります。さといもでは新潟市と二位の偏差値の差は一〇ほどですが、さやまめでは三〇を超えています。偏差値はデータの分布状況など様々な特徴を教えてくれる便利な指標なのです。これを使いこなせればしめたものです。

七）グラフを使い分ける

データの特徴や特性をとらえるには、数値を眺めるよりもグラフにしてみるのが一番手軽で確実な方法です。ただ平均値を出すよりも、数値の出現頻度をビジュアル化するヒストグラム（度数分布を表すグラフ）で分布の状態を見たほうが、偏りのない情報を手に入れることができます（図表10）。さらに、人口と面積といった二種類のデータの散らばりを表す散布図なら、より多くの情報を読み取ることができます（図表11）。

量の大小を単純に比較するのであれば、棒グラフが一番わかりやすいものです。折れ線グラフでも量の大小を比べることはできますが、むしろ時系列データを示す場合に適しています。比率や割合について示す場合は帯グラフや円グラフがわかりやすく、先ほど触れたヒストグラムは貯蓄額のようにデータの分布の形を見たいときに適しています。

学校で二回行われたテストに関して各科目の結果を比較したいときなどは、レーダーチャートが最適です（図表12）。いずれにしても、グラフを使って視覚化することで、データの雰囲気を感じ取ることが重要です。

また、エクセルなどでグラフを作る場合、カラフルになりがちですが、色にこだわり過ぎるとかえって見にくくなってしまうことが多いです。モノトーンにしてドットのパターンを使い分けたほうが、むしろ見やすいことも少なくありません。

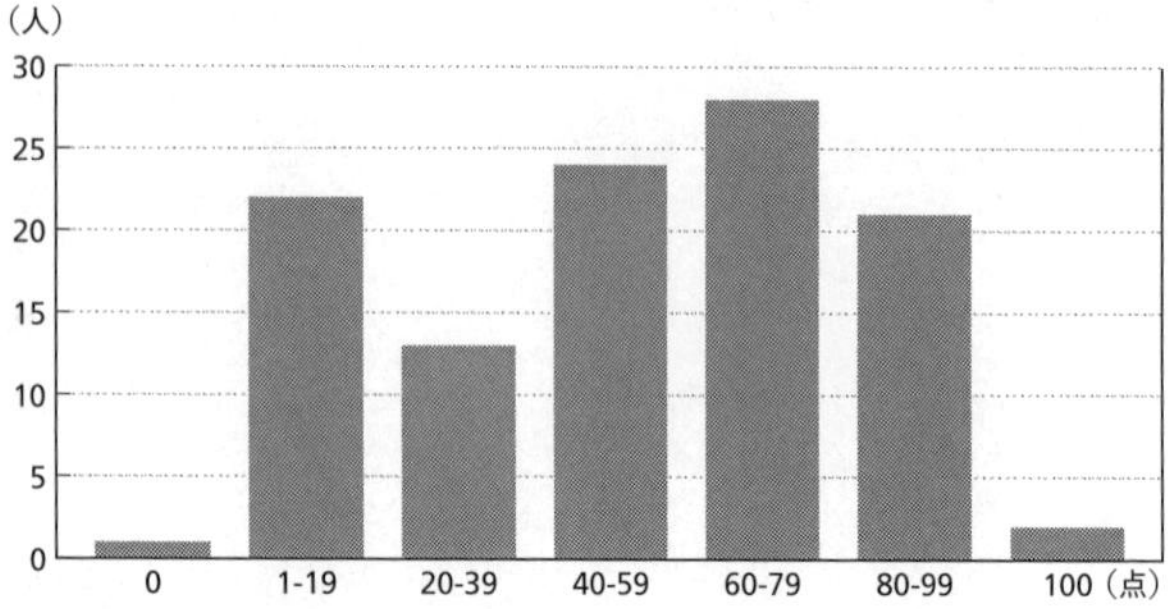

※著者作成
図表10　ヒストグラムの一例（テストの点数の分布）

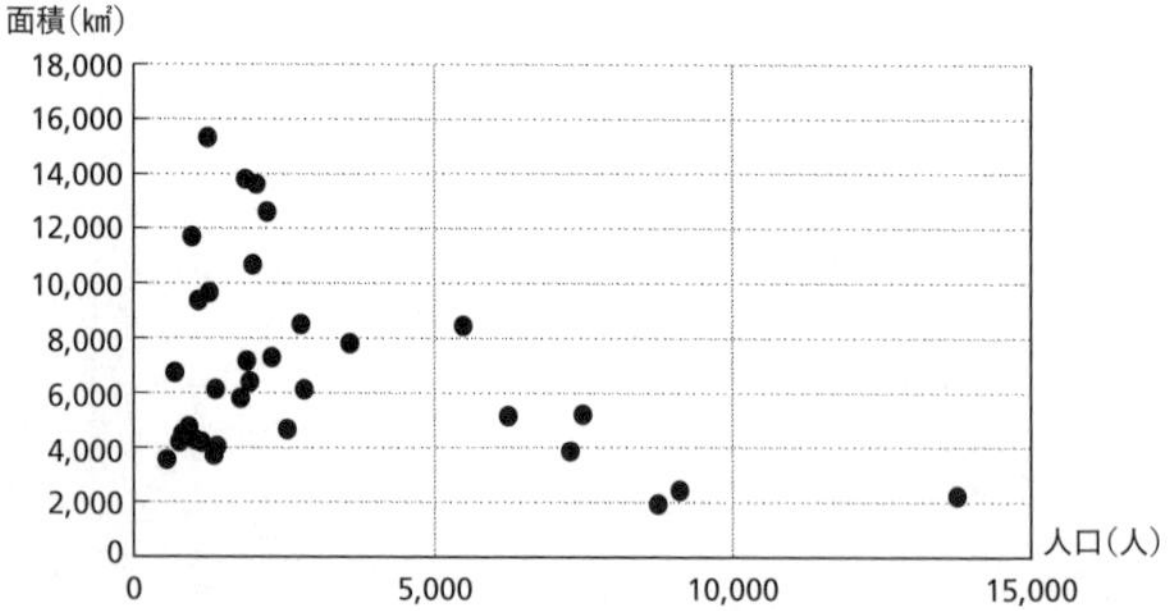

※各都府県の推計人口（2018年10月1日現在）と国土地理院「全国都道府県市区町村別面積調」より作成
図表11　散布図の一例（本州の都府県の人口と面積）

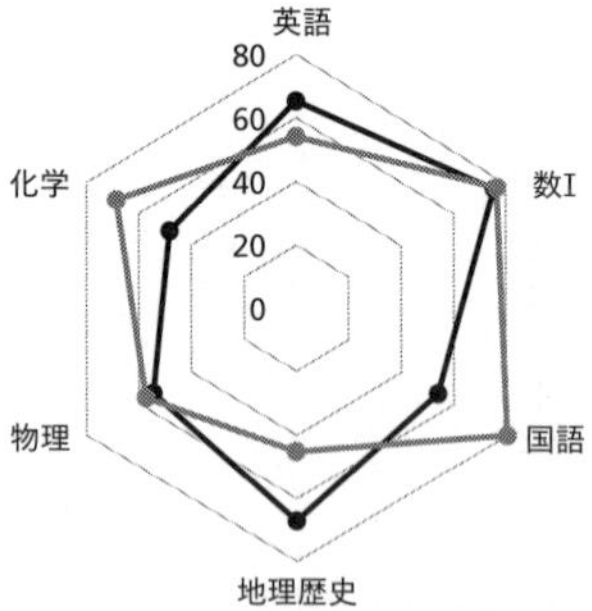

※著者作成
図表12　レーダーチャートの一例（某学生のテストの点数）

八）「すそ切り」の有無に気をつける

グラフを作る場合、いつも頭を悩ますのが軸の設定についてではないでしょうか。特に縦軸について、ゼロからスタートさせるとデータの変化をあまりよく表現できないので、途中の値からスタートさせることが往々にしてあります。これを私はすそ切りグラフと呼んでいますが、すそを切ることは望ましいのでしょうか。

棒グラフや折れ線グラフの縦軸をゼロからスタートさせた場合、グラフは実際のデータの変化そのものを示していることになります（図表13）。データの変化が大きくない場合、グラフにしてみるとほとんど横ばいに見えてしまうこととなります。これでは視覚化した意味がないという見方もできるでしょう。

そこで登場するのがすそ切りグラフです。これはグラフの上のほうを拡大してみせているようなものです。縦軸の一番下がゼロ以外の数値で、データの変化を強調することで見栄えもよくなると言えるでしょう（図表14）。

それでは、どちらのグラフを採用すべきでしょうか。おそらくこの点に関して正解はないと思います。できるだけデータの変化を強調してみせたいというのであればすそ切りグラフを使い、また、淡々と実際のデータの変化を示したいのであれば、ゼロからスタート

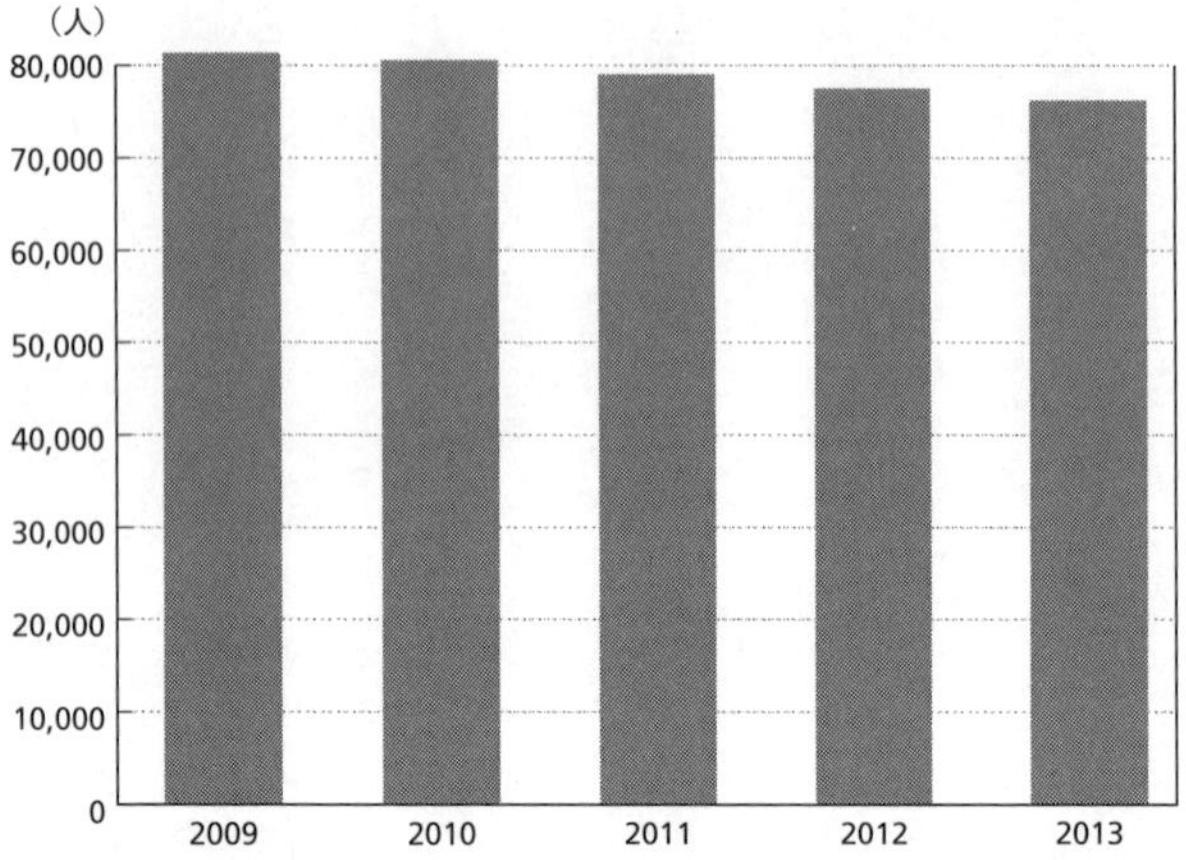

※著者作成
図表13　そでを切らないグラフの一例(某市の人口推移)

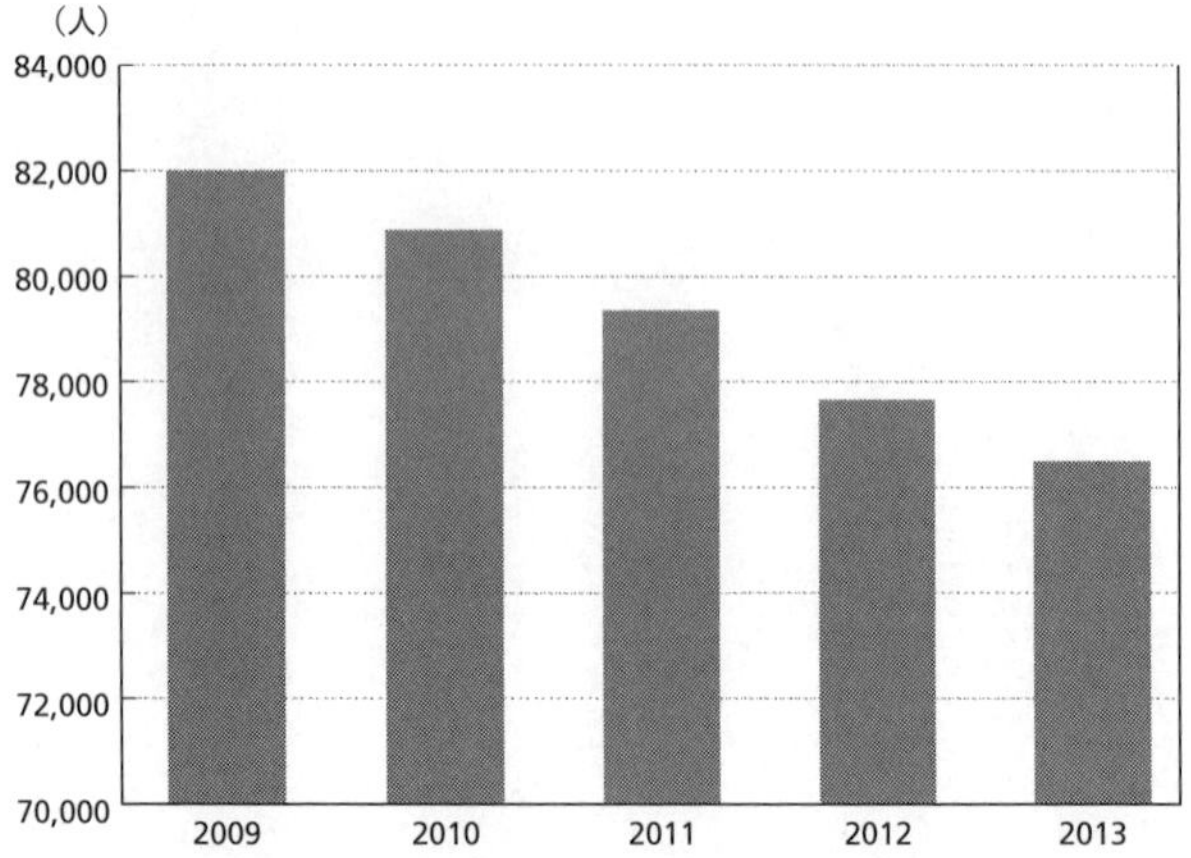

※著者作成
図表14　そで切りグラフの一例(某市の人口推移)

する軸を用いるべきでしょう。要は何をどのように伝えたいかという意図に応じて使い分ければよいのです。

むしろグラフの解釈として、軸の設定がどのようになっているかを常に注視することが大切なのです。作成されたグラフがすそ切りグラフであると気づかないまま見てしまうと、実態よりも変化が強調されていることにも気づかず、勘違いを起こしかねません。すそ切りグラフになっているか否かを常に意識して見ることも、データ・リテラシーを鍛えることにつながるのです。

九）グラフの誇張には用心する

すそ切りグラフがデータの変化を一定程度誇張していることについては前に述べた通りですが、時として度を越えた誇張が行われ、見た人を特定の方向に誘導しかねないようなグラフが使われることには注意が必要です。ここで紹介するのは二〇一五年五月三日に放送されたＴＢＳの「サンデーモーニング」で使われたグラフです。

放送日が憲法記念日ということもあってか、安全保障に関する話題をいくつか取り上げていました。その中で出てきたのが米軍の兵員数と軍事費のここ一〇年ほどの推移を示すグラフでした。それは近年、軍事費以上に米軍の兵員数が大幅に削減されている、その代わりに日本の貢献、特に人的なものがアメリカから求められていると言わんばかりの内容でした。

これに関して、実際にどのようなデータを使っているかをＴＢＳにメールで直接問い合わせましたが、なしのつぶてでした。そこでアメリカの米軍関係のサイトを調べ、引用されたと思しきデータを見つけ、改めて作ってみたのが図表15です。

確かにこれを見れば、軍事費に比べると兵員数の落ち込みは顕著です。しかし、よくよくこのグラフを見てみると、おかしな点に気づくのではないでしょうか。

このグラフはいわゆる二軸グラフと呼ばれるものです。二つのデータを一緒に表現する際、それぞれのデータの範囲が大幅に異なっている場合には、軸を二つ用意して個別に対応させると見やすくなるのです。図表15の場合、軍事費については左の軸が、兵員数については右の軸が対応しています。

二軸グラフ自体は別段問題ではないのですが、ここで目盛りに注目してください。軍事費に関しては最小が二〇〇〇億ドル、最大が七〇〇〇億ドルとなっているのに対して、兵員数に関しては最小が一三〇万人、最大が一五〇万人となっているのです。

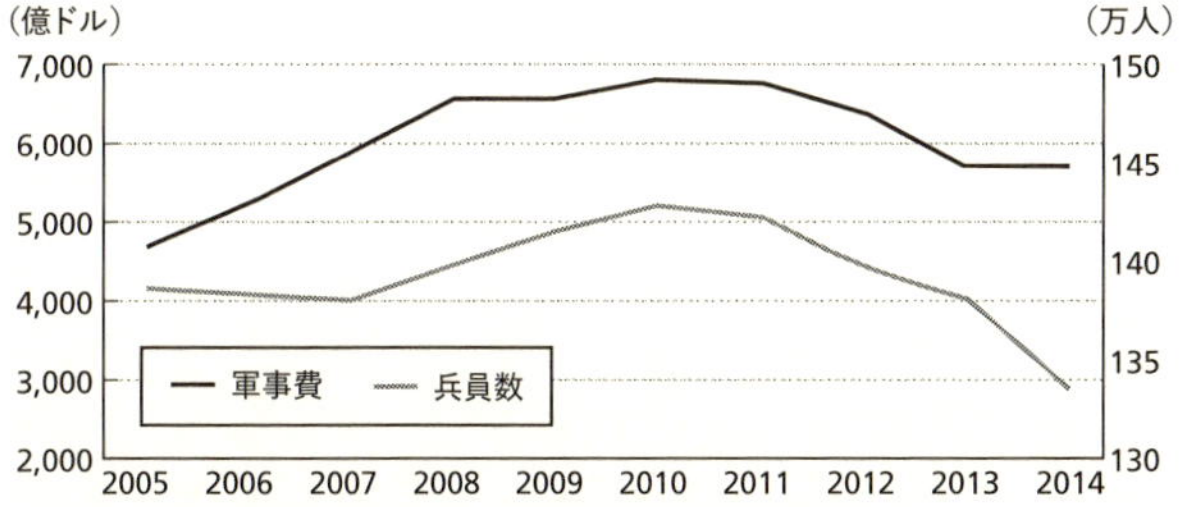

※アメリカ国防相傘下の軍人情報センター(Defense Manpower Data Center)の資料を基に著者作成
図表15　米軍事費と兵員数の推移(「サンデーモーニング」放送)

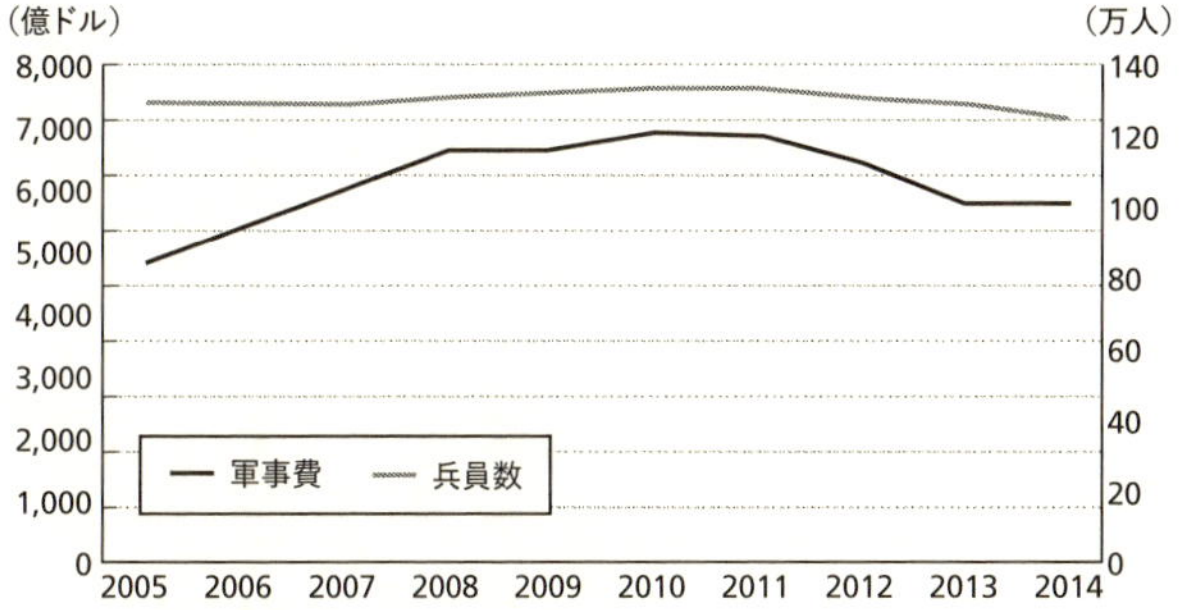

※図表15のデータを基に著者作成
図表16　米軍事費と兵員数の推移(そで切りしなかった場合)

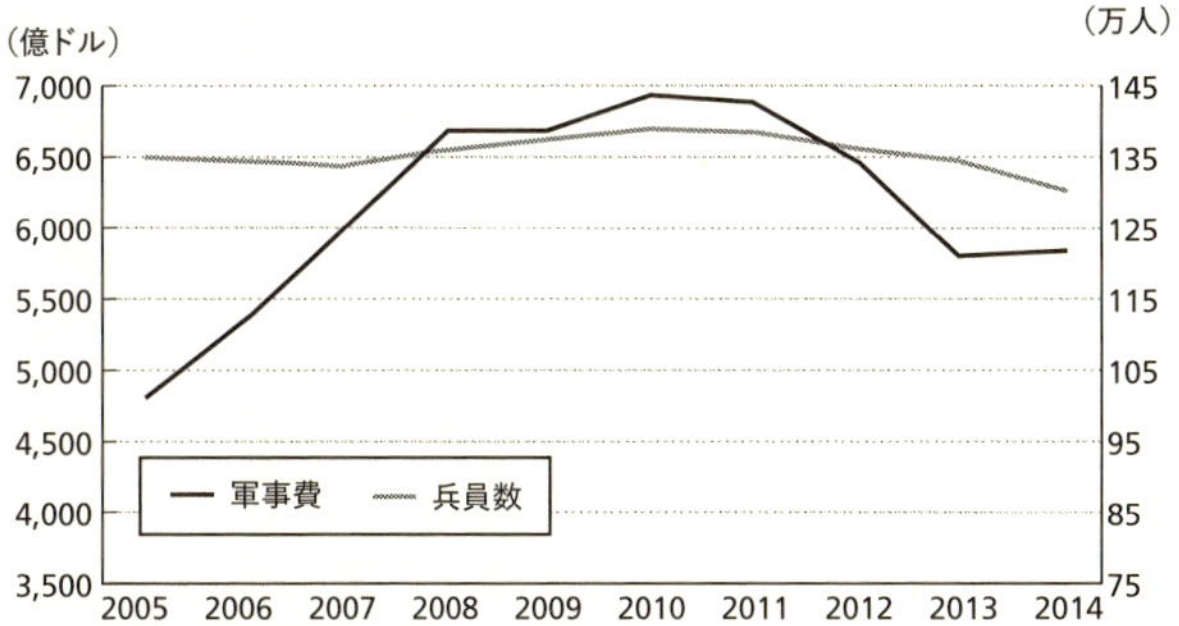

※図表15のデータを基に著者作成
図表17　米軍事費と兵員数の推移(軸の倍率を同一にした場合)

要は、軍事費に比べて兵員数の変化が大幅に誇張されているという点が問題なのです。最大値を一〇〇とすれば、軍事費に関しては二八・六から一〇〇までが示されているのに対して兵員数に関しては八六・七から一〇〇までしか示されていないということになります。これによって兵員数は実際には微減に留まっているものが、大幅に減少しているように見えてしまいます。

単にすそ切りをしているだけでなく、軸の目盛りの範囲が大幅に異なるためにこのような誇張が起きているのです。それではすそ切りをしなければどうなるでしょうか。図表16を見れば違いは一目瞭然です。

軍事費は二〇一一年から二〇一三年にかけて減少し、二〇一三年から二〇一四年は横ばいとなっています。兵員数はほぼ横ばいで二〇一一年以降微減傾向にありますが、軍事費の減少ほどではありません。この二つのグラフから全く異なる印象を受けるのは明らかです。

これではあまり変化がわからないというのであれば、すそ切りしたうえで、両方の軸の取り方を同じようにすればよいでしょう。すなわち、同じ倍率で表現するということです。上限の半分（50％）を下限にして表現したのが図表17です。

図表17によって強調されているのは、兵員数の変化ではなくむしろ軍事費のほうです。考えてみれば最新型の兵器を増強するなどして大幅に軍事費が増加することはあっても、兵員数はそれぞれの兵士の雇用もかかっているだけに、そう簡単に増減できるものではありません。二〇一一年以降、軍事費が大きく減る中で、兵員数については微減に留めているというのが実態なのです。

この三つの図表はどれも同じデータを用いているものです。それにもかかわらず受ける印象が大きく異なるのは、軸の設定が全く違っているからです。つまり、グラフの軸の操作一つで世論操作も簡単にできるというわけです。このような世論操作に引っかからないよう、グラフの軸についても妥当なものとなっているかチェックを怠るべきではないのですが、マスコミもこのようなグラフを何らチェックせずに垂れ流すようでは、もはや社会の公器の名に値しないのではないでしょうか。

ただその後、このグラフは意図的に誇張されたのではなく、まさにグラフの罠にマスコミ自ら陥ってしまったのでは、と別の事例を見つけて思いいたるようになりました。それが図表18で、環境省がある会議で、温泉地に関して、旅館の減少が続いているという説明のために使った二軸グラフです。

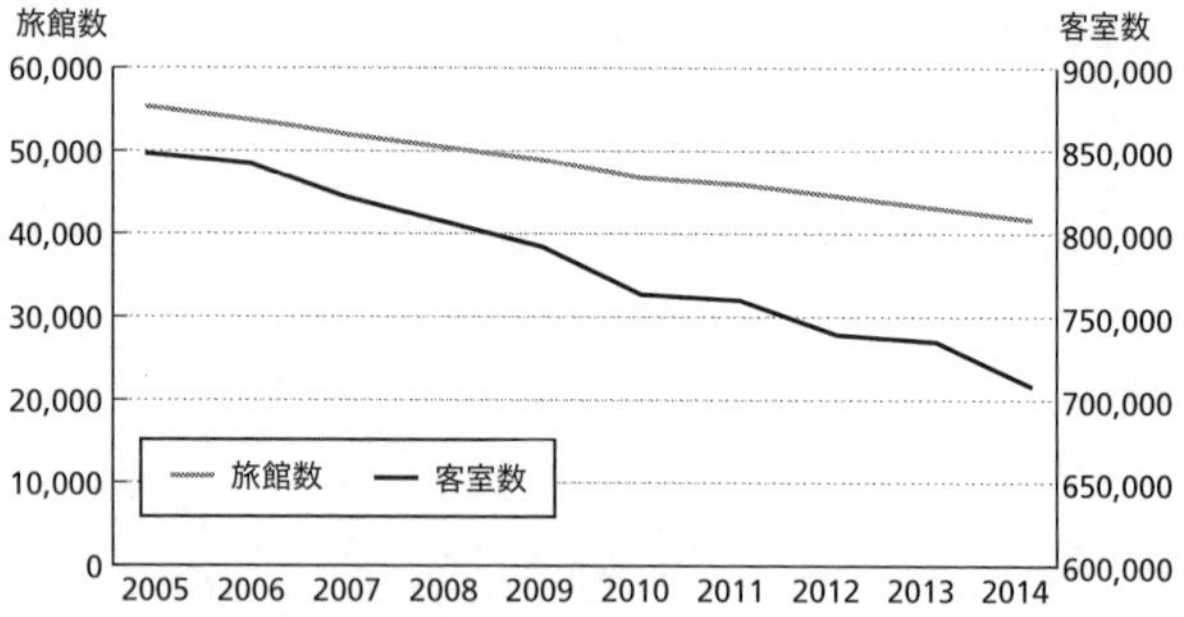

※環境省「温泉地の保護と利用の推進に向けた環境省の取組について」より作成
図表18　旅館数と客室数の推移（環境省が作成したグラフ）

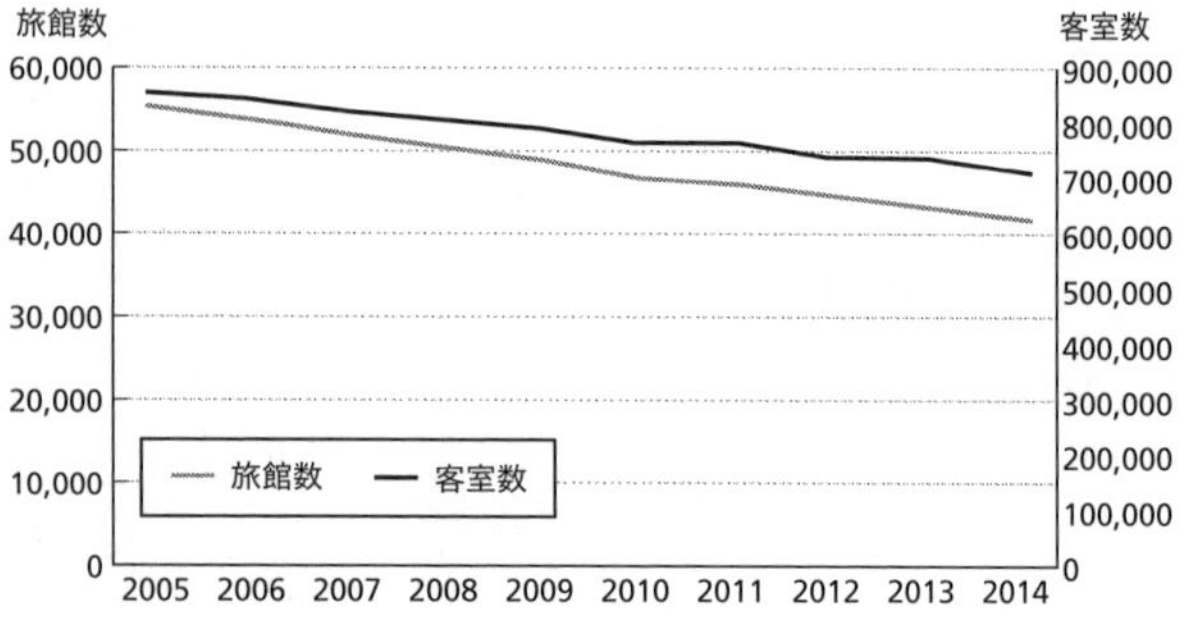

※図表18のデータを基に著者作成
図表19　旅館数と客室数の推移（二軸をともにゼロからにした場合）

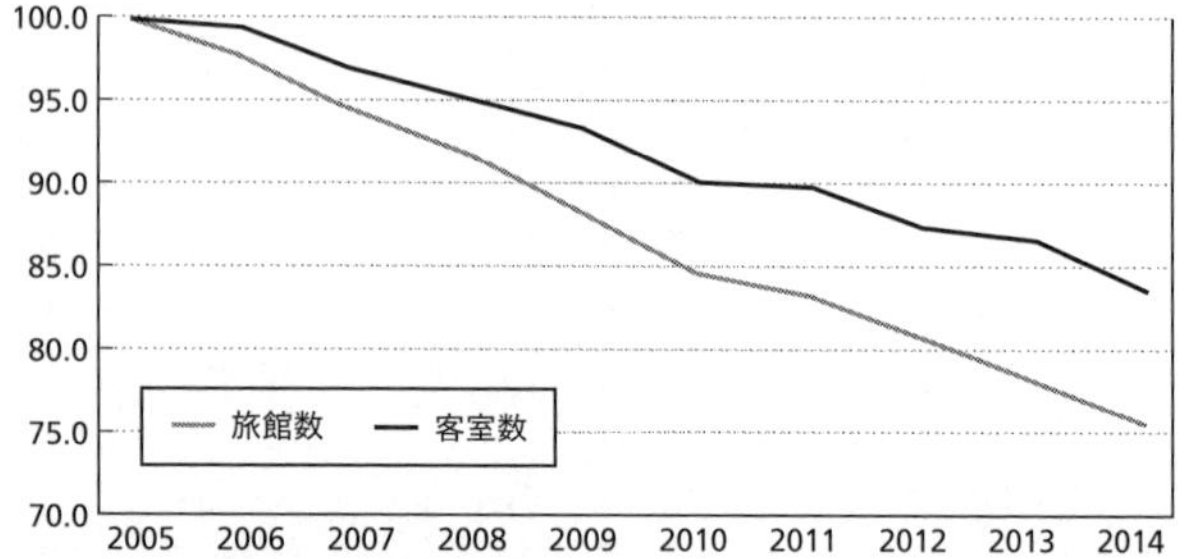

※図表18のデータを基に著者作成
図表20　旅館数と客室数の推移（指数化した場合）

ここでは一見すると旅館の部屋数のほうが旅館総数よりも減り方が大きく見えるため、総じて客室数の多い大規模な旅館のほうが多く潰れているように思えますが、実態はそうではなく、小規模のほうが多く潰れているのです。

図表19は二つの軸をゼロからスタートさせ、図表20は指数化して最初の年を一〇〇として変化をわかりやすく示したものです。どうも二軸グラフは、ケタの違う軸を一枚に収めるために自動的に倍率を変えてしまい、結果として実態とは異なる変化に見えることも起こるようです。つまり標準的なグラフの形に収まるように、エクセルが勝手に調整してしまうのです。

いずれにしても二軸グラフのこのような癖を理解したうえで軸を直しておかないと、まさにグラフの罠に引っかかってしまうので要注意です。

一〇　日常の風景をよく観察する

本書の最後にデータで日常生活を見直すことの重要性を述べることとします。実はこのことが、データ・リテラシーを鍛える一番のポイントであるのです。

まずは歩数計です。健康維持のために八〇〇〇歩、一万歩と目標を決めて、ウォーキングを日課にしている人も少なくないでしょう。最近ではスマホが勝手にカウントしてくれるものも多くなっているので便利です。

もちろん目標を達成することも大事ですが、せっかく歩数を計測しているのであれば、家から駅まで、駅から職場まで、あるいは家からスーパーまでといったように区間ごとの歩数を測り、自分の平均歩幅を掛け合わせてどのくらいの距離があるかを把握してみてはどうでしょうか。例えば歩幅が75㎝なら二〇〇〇歩で1・5㎞となります。歩数計のメモリーなどを使ってもいいのですが、例えば駅まで一五六八歩、職場まで三六〇三歩なら三六〇三－一五六八＝二〇三五≒二〇〇〇歩、といったように暗算する癖をつけたほうがデータ・リテラシーは鍛えられるはずです。実際、求められているのはせいぜい＋－×÷の四則演算程度のものです。暗算する習慣ができればしめたものです。

あるいは一駅分歩くとどの程度の距離になるのか、歩数を測ってみるのもいいでしょう。都内なら1㎞に満たないケースもあるでしょうが、地方なら3、4㎞というのもざらです。改めて街を歩くと様々なことに気づくはずです。「こんなお店があるんだ」とか、「こんな古い看板がまだあるんだ」など、発見の連続がきっとあるはずです。実はデータ・リテラシーは好奇心とも関係するのです。

色々なことに好奇心を持って接することで、疑問を抱いて調べてみようという気持ちになり、その過程で様々なデータに遭遇すると、データ・リテラシーも知らず知らずのうちに鍛えられていくものです。

歩数は家や建物の中でも使えるものです。例えば大学の教室を歩いてヨコが二〇歩なので15m、タテが三〇歩なのでだいたい22m、そうするとこの教室の面積は330㎡で、教室の定員が三〇〇人だから、満員になると一人当たり1・1㎡しかないといった具合になります。

歩くだけでなく、車を運転する中でもデータ・リテラシーが鍛えられるでしょう。車は速度や走行距離など、様々なデータに溢れています。時速40㎞はのろのろ運転と感じるかもしれないですが、一時間＝三六〇〇秒で割って一秒間に約11m進むと考えれば、結構なスピードだと思うでしょう。高速道路で時速120㎞を出せば三倍の33mとなります。しかも運動エネルギーは速度の二乗に比例するので、時速120㎞で衝突してしまえば、時速40㎞の九倍（＝3×3）もの衝撃（エネルギー）を受けることになります。くれぐれもスピードの出し過ぎには気をつけるべきです。

どの程度走ったか、燃費がどの程度かについても気になるところですが、最近はデジタル表示が主流で、計算しなくても簡単に示してくれるようになりました。それでも1km当たりのガソリン代がいくらかは暗算に頼ることとなるでしょう。リッター当たり走行距離16kmでガソリン代がリッター当たり一四四円だったら、燃費として1km当たり九円ということになります。

漫然と歩いたり運転したりするよりも、ちょっとしたデータにこだわることで少しずつではありますが、データ・リテラシーは鍛えられていくはずです。

一一）家計を見直す

家計を見直すと言っても家計簿をきっちりつけなさいと言っているわけではありません。お金の使い方や貯め方をちょっと違った角度から見つめ直すだけで、データ・リテラシーを鍛えることも可能なのです。

目ざとい人であれば、スーパーの広告を比べて一円でも安いお店で買おうとか、ネット上のサイトなどを見比べてどこの電器店で買えばスマホが一番安いかとか、しっかりとチェックするでしょう。大量生産されているものであれば値段を唯一の物差しと考えても差し支えないのでしょうが、それでも食品などの場合は賞味期限が近くなっているために安くなっているかもしれないので、値段以外の情報も確認したほうがいいでしょう。

これが野菜や果物といった場合には、産地や鮮度など様々な情報に基づいて買うか買わないかを決めるでしょう。最近では果物を中心に、糖度などのデータを積極的に表示するケースも増えてきました。多少高くても甘いミカンを買おうと考える消費者も少なくないのです。

コンビニにしろ、スーパーにしろ、商品の価格、重量、成分等々データで溢れています。もちろん味で選ぶという王道を行く人も多いでしょうが、ある意味どの商品を買おうかというのは究極の比較の視点です。買い物上手な人は実はデータ・リテラシーもそれなりに備わっていると言っても過言ではないと思われます。

例えばスーパーには色々な産地のミカンが、それもサイズごとに並べられているケースが少なくありません。余裕があれば、それぞれの袋の単価（例えば八個入りで四八〇円なら一個六〇円といったように）を暗算で計算する癖をつけることで、平均に対して敏感になるでしょう。また夕方、刺身や揚げ物が値引きされる際には、例えば五〇円引きになっている場合、「定価が三〇〇円ならだいたい17%引きだ」とか、「20%引きとなっているなら六〇円引かれて二四〇円になるな」といったように、暗算することで率に関する感覚を磨くことにつながるでしょう。

マイナス金利の時代が長く続き、銀行に預金していてもほとんど利息がつかない状況になっています。そのような中で一攫千金《いっかくせんきん》を夢見てFXなどをやろうとする人も増えるでしょう。どのような金融商品に手を出すかは個人の判断に委ねられていますが、三章でも触れたように様々なリスクがあるということをしっかりと理解したうえでチャレンジすべきではないでしょうか。その際にデータ・リテラシーを身につけていれば、それなりの成果は上がると思います。

金融商品に手を出さなくても、自分の貯金に為替《かわせ》レートを当てはめてみると、円高、円安というものがそれなりに実感できるはずです。

例えば三〇〇万円の貯金があるとして、一九七三年までの一ドル＝三六〇円の固定相場だったら、約八三〇〇ドルと一万ドルにも満たない額となります。一方、二〇一一年ごろの超円高時代の一ドル＝八〇円だったら、今度は三万七五〇〇ドルと四倍以上ドル建ての資産は増えることとなります。時代が進んで一ドル＝一一五円くらいとなると、今度は約二六〇〇〇ドルと三割ほど資産が目減りするということになります。

貯金に限らず、頭の中で様々なシミュレーションをすることでデータ・リテラシーも鍛えられていくのです。

一二）世界情勢をデータに置き換えて把握する

世界各国で起きていることに関心を持つことは、グローバル化が進む中で必要とされていますが、なかなか自分自身の問題としてとらえにくいのも事実です。そこで、データを使って、身の回りにあるものに置き換えて自分なりに理解することを心がけるだけで、新聞の国際面を賑《にぎ》わす出来事も身近に感じられるはずです。

例えば世界人口は二〇一五年で約七三億人に達したとされています。一方、同年の国勢調査の速報値では日本の総人口は一億二七一一万人とされています。日本の総人口を一とすれば、世界人口は五七・四となります。世界人口を一〇〇人とすれば日本人は二人にも満たない数（一・七四人）に過ぎないのです。今度は日本の人口を一〇〇とすると、一・七四に一番近い都道府県は新潟県となります。世界の中に占める日本の人口は、日本の中に占める新潟県の人口と同じくらいだということなのです。

また、世界一の人口を誇る中国（一三・七億人）は世界人口の19％を占めています。これを日本に置き換えれば東京都と神奈川県の人口を足してもまだ一五〇万人足りないというスケールになります。

国のスケールも様々です。戦後七〇年の節目の二〇一五年に、当時の天皇皇后両陛下が訪問された南の島の国、パラオは人口約二万。私が非常勤参与として勤務する群馬県みなかみ町とほとんど同じ規模に過ぎませんが、面積はみなかみ町の六割程度しかありません。世界の国の中には、日本の町村と規模が変わらないところがいくつもあるのです。一方、こちらも両陛下が二〇一六年に訪問されたフィリピンの場合、二〇一四年には人口が一億人を突破し、二〇二〇年代には日本を抜くと予想されています。

ニュージーランドでは一年間に四万八〇〇〇人の外国人を、移民として受け入れたとされています。このデータだけではなかなかピンとこないかもしれませんが、日本に置き換えてみるとその規模の大きさに驚くでしょう。ニュージーランドの人口は約四九〇万人なので、国民の1％弱の移民を一年間に受け入れた計算になります。日本の人口の1％弱は一二〇万人余りです。これは岩手県の人口に相当します。これだけの外国人が一年間に流入すれば、おそらく社会に様々な影響を与えるでしょう。

アメリカには五〇の州がありますが、カリフォルニア州のように一都三県（東京都、神奈川県、埼玉県、千葉県）の人口をしのぐところもあれば、ワイオミング州のように鳥取県とほぼ同じ人口のところまであり、面積や人種構成も含めて多種多様な州からなる連邦制国家です。日本とは様々な面で事情が異なるということが理解できるでしょう。トランプ大統領はメキシコとの国境に、メキシコの負担で壁を作るべきだと主張していますが、この国境の長さが３１４１km、ちょうど日本列島の端から端までの距離に相当します。果たして二一世紀版の万里の長城は本当に作られるのでしょうか。

一方、国交を回復したキューバとは約１５０kmという近さです。これはちょうど東京から新幹線の上毛高原駅までという近さです。また、東京都の新島と本土との距離に相当します。アメリカからすれば近くて遠い国だったキューバが、名実ともに近い国となった国交回復でしたが、トランプ政権の動きで再び両国の関係は不透明となっています。

一三）基本に立ち返る

データ・リテラシーを鍛えるために最も大切なのは、基本に立ち返ることです。これまで本書で繰り返し強調してきたことを普段から意識することができれば、たいていの場合問題はないと思われます。

まず一番意識すべきは、様々なデータが紹介されているときに、そのデータの定義や出所、算出方法がちゃんと書かれているかという点です。これが明示されていれば、信頼性はそれなりに高いものと考えて間違いないでしょう。逆に言えば、このような情報をちゃんと書けないということは、何らかの後ろめたさがあるということの表れでもあります。

もちろん、書いてあるからといっていい加減な内容であれば、信頼性が低くなるのは当然ですが、正直に書いてあるぶん、ある程度は評価してもいいと思います。具体的にはデータの定義が明確にされているか、データの出所がはっきり示されているか、特にランキングのような基本的には複数のデータを加工している場合、細部に関しても示されているか確認することが求められます。

また、アンケートの場合は再三述べてきたように、無作為抽出かそうでないのかを確認することが必須です。特にインターネット・アンケートは基本的には無作為ではないということに留意すべきです。仮にモニターの中から無作為で対象者を選んだとしても、モニターが母集団となっている時点で通常の世論調査とは異なります。実施者にとって都合の良い結果が出るような作為的なアンケートが氾濫しているという現実を、しっかりと認識していないと痛い目にあうのです。

このほか、先の項目でも触れてきたように、何らかのデータが出てきたときに、できるだけ身近なものに置き換えることを繰り返すことで、これまであまり親近感を抱けなかったデータが、徐々にではあっても自分にとって身近なものと感じることができるはずです。

いずれにしても、データに関してこだわりを持ち続けることがデータ・リテラシーを養う第一歩です。データを常に正しいと妄信せず、また、常に疑わしいものと決めつけず、その妥当性を検証する客観的な視点を身につけることが求められるのです。

クイズ　日本にある小学校、中学校、高校の数は？

それでは最後に、具体的に概数で把握する練習問題を出してみましょう。

日本の小学校の数、中学校の数、そして高等学校の数はいくつでしょうか。

小学校、中学校および高等学校の全国の数について、どのような思考経路で推測すべきでしょうか。これに関してはトップダウン型とボトムアップ型の二つに分けられます。ここでは主に小学校の数に関して考察してみます。

トップダウン型は日本の人口から考えるものです。日本の総人口は一・二億人ちょっと、平均寿命が八〇年として単純に割ると一学年一五〇万人となりますが、団塊の世代をはじめとして高齢層のほうが数が多く、昨今の小学生は少ないと考えると、大雑把に見て一学年一〇〇万人から一二〇万人程度と考えるのが妥当でしょう。

六学年なら六〇〇万人から七二〇万人となります。そうすると一つの小学校の平均規模をどのように設定するかが大きなカギとなります。一学年の生徒数を何人とするかは大変難しい選択となります。都市部でまだ子どもの数が増えている地域に住んでいる人にとっては一学年四〜五クラスで二〇〇人を超えていてもおかしくないと思うでしょう。一方、地方の小さな小学校を卒業した人にとっては、一クラスで一〇人から二〇人程度というのが当たり前と思うかもしれません。

いずれにしても少子化が進行していることを前提に考えれば、一学年は二〜三クラス、生徒数は五〇〜六〇人と考えるのが妥当でしょう。そうなれば小学校一校当たりでは三〇〇人から三六〇人の間となります。これで学校数を計算すれば、六〇〇万人÷三〇〇人でも、七二〇万人÷三六〇人でも、二万校ということになります。

実際、二〇一八年度の小学校数は一万九八九二校なので、ほぼ一緒となります。

ボトムアップ型で考えるのであれば、例えば自分の出身市町村で小学校が何校だったかを基にします。私の故郷、苫小牧市の場合、現在二四校あります。人口は一七万三〇〇〇人ほどなので、一校当たり人口は七〇〇〇人強となります。他の自治体に比べれば小学校の規模が大きいと考えられるので、例えば全国平均だと一校当たり人口六〇〇〇人とすれば、一・二億人で割ると二万校になりますし、五〇〇〇人とすれば、二・四万校となります。どちらにしても全国の数とほぼ一致します。

中学校と高等学校の数に関しても、同様のアプローチで概数を把握することは可能です。ちなみに中学校というのは、たいてい二つの小学校の生徒が一つの中学校に集まると考えると、小学校数の半分ということになりますが、実際の数も一万二七〇校とほぼ半分になっています。

そこから見方を変えて、小学校は六学年、中学校は三学年、どちらも義務教育で基本的に全員が進学することを考えると、学校数が半分ということは一学年の人数では中学校が倍、一方、学年数は半分ということで小学校と中学校の平均生徒数は、どちらもほとんど一緒ということになります。

高等学校に関しては、甲子園を目指す高校数が四〇〇〇余りということを知っていれば、女子校の数も考慮して五〇〇〇程度となるだろうと考えられます。実はこれも正解に近く、正確な数は四八九七校となります。

あとがき

インターネットは便利なものです。ちょっと調べたいこと、知りたいことを即座に教えてくれます。重たい辞書や百科事典を持ち運ぶこともなく、いつでもどこでも必要な情報を入手することができます。ですから、こんな便利なツールを発明してくれた人に感謝する気持ちもありますが、その反面、我々はインターネットに氾濫した様々な情報をあまりにも鵜呑みにし過ぎてはいないでしょうか。

それも多くの場合、具体的な内容をちゃんと確認もせずに、インターネットのニュースの見出しや表面的なデータだけですべてを判断しているのです。見出しに書かれた「○○の△△%がお気に入り」とか、「□万人の評価でランキング第一位」といった情報で、自らの行動を決めてしまう人も少なくないでしょう。

インターネットを賑わすこのようなデータが、すべて正しいものと思い込んではいけないのですが、どうも独り歩きしてしまい、様々な場面で繰り返し用いられ、あたかも正しい情報であるかのように信じ込まされているケースがあります。

普段から大学生と接していますが、インターネットのニュースや情報に過度に依存していて、テレビや新聞、本などから情報を入手しようとしない学生の姿を見るにつけ、とても心配になってしまいます。本書で触れた内容の一部は大学の講義でも解説してきましたが、学生の多くがデータ・リテラシーに乏しいことを感じます。

このようなリテラシーの低さは、大学生に限った話ではありません。私が専門とする地方自治の世界でも、さらには国の政策決定過程などでも、いい加減なデータが用いられ、それを基に誤った政策が選択されるという実態があります。そうした事態に直面するたびに、一人でも多くの人にデータ・リテラシーをしっかりと身につけてほしいと思います。

これまでも私は、『データの罠』（集英社新書、二〇〇六）、『ランキングの罠』（ちくま文庫、二〇一二）などの著作を通じて、データ・リテラシーの重要性を説いてきましたが、残念ながらここ数年、良くなるどころか杜撰なデータが独り歩きするケースが大幅に増えているように感じます。

もちろん正しいものもありますが、その多くは人々の思い込みを招き、結果として社会に様々な歪みを生じさせているのではないでしょうか。

「ビッグデータ」が脚光を浴びる今だからこそ、改めてデータ・リテラシーを、具体的な事例を通じて多くの人に身につけてもらいたいという思いで書いたのが本書です。
出版に当たっては、イースト・プレス編集部の木下衛氏に大変お世話になりました。記して感謝する次第です。

二〇一九年一〇月　　田村秀

参考文献

大谷信介編著（二〇〇二）『これでいいのか市民意識調査：大阪府44市町村の実態が語る課題と展望』ミネルヴァ書房
柴田里程（二〇〇一）『データリテラシー』共立出版
清水徹郎（二〇一三）「農業所得・農家経営と農業経営」『農林金融（二〇一三年二月号）』農林中央金庫
城繁幸（二〇〇六）『若者はなぜ3年で辞めるのか？：年功序列が奪う日本の未来』光文社新書
鈴木義一郎（一九八五）『統計学で楽しむ：図解・例解・明解ゼミナール』講談社ブルーバックス
鈴木義一郎（一九七九）『「比較」統計学のすすめ』講談社ブルーバックス
谷岡一郎（二〇〇〇）『「社会調査」のウソ：リサーチ・リテラシーのすすめ』文春新書
田村秀（二〇〇四）『政策形成の基礎知識』第一法規
田村秀（二〇〇六）『データの罠：世論はこうしてつくられる』集英社新書
田村秀（二〇一二）『暴走する地方自治』ちくま新書
田村秀（二〇一二）『ランキングの罠』ちくま文庫
田村秀（二〇一八）『地方都市の持続可能性』ちくま新書
東京大学教養学部統計学教室編（一九九四）『人文・社会科学の統計学』東京大学出版会
日本性教育協会（二〇一四）「現代性教育研究ジャーナルNo.39」日本性教育協会
日本経済新聞社編（二〇〇四）『日経 病院ランキング』日本経済新聞社

増田寛也（二〇一四）『地方消滅：東京一極集中が招く人口急減』中公新書
森田優三（一九七四）『新統計概論』日本評論社
読売新聞医療情報部編（二〇一二）『病院の実力２０１２総合編』読売新聞社

イースト新書
119

データ・リテラシーの鍛《きた》え方《かた》

“思い込み”で社会が歪む

2019年12月15日　初版第1刷発行

著者
田《た》村《むら》秀《しげる》
編集
木下衛
発行人
北畠夏影
発行所
株式会社
イースト・プレス
〒101-0051
東京都千代田区神田神保町2-4-7久月神田ビル
Tel:03-5213-4700　Fax:03-5213-4701
https://www.eastpress.co.jp
装丁
木庭貴信＋岩元萌
（オクターヴ）
本文DTP
松井和彌
印刷所
中央精版印刷株式会社

ISBN978-4-7816-5119-4